レトロですてきな おんなのこ

あけつん！

はじめに

ドールと手芸が大好き！子どものころからずーっとそうでした。身近なフェルトを使いながら、できるだけディテールに凝ったすてきなドールを作りたいと思い続け、とうとう一冊にまとまりました。難しいところもあるかもしれませんが、丁寧に解説しましたので、ぜひチャレンジしてみてくださいね！

あけつん！

文化出版局

Contents

🌼 Art　アート　　　　　　　　　　　　　　　　　　　　　　How to
　　　　　　　　　　　　　　　　　　　　　　　　　　　　　　4　50
A　ホルターネックワンピース ………………………………… 4　51
B　ノースリーブタートル／パンツ／ヘアバンド …………… 5　52
C　プリントワンピース ………………………………………… 5　53
D　サイケワンピース …………………………………………… 6　53
E　アイドルドレス ……………………………………………… 7　54
F　ファーコート／ホワイトレザーワンピース／タイツ／ショルダーバッグ … 7　55

🌼 Handmade　ハンドメイド ……………………………… 8　56
G　ジャンパースカート／シーグリーンタートル／りんごソックス …… 8　57
H　おんなのこアップリケタートル／
　　ポケットつきプリーツスカート／しましまハイソックス … 9　58
I 　ねこポンチョ／レトロブルーラグランタートル／赤千鳥パンツ …… 9　59
　　マスコットねこのおともだち ……………………………… 9　34
J 　エプロン …………………………………………………… 10　60
　　マスコットゆかいなクッション・タオルのぬいぐるみ … 10　34

🌼 School　スクール ……………………………………… 12　63
K　フリルシャツ／チェックスカート／リボンソックス …… 12　60
L　赤い衿のストライプシャツ／ボタンつきプリーツスカート … 13　61
M　セーラーワンピース ……………………………………… 13　62
N　こんぺいとうワンピース ………………………………… 14　64
O　レッスンワンピース／シアンブルーカーディガン／レッスンバッグ … 14　65
P　レトロイエローコート …………………………………… 14　66
Q　チロルワンピース ………………………………………… 14　64
R　刺繍入りラグランタートル／プリーツスカート／スクール帽子 …… 15　67
S　オフホワイトのラグランタートル／オーバーオールスカート／スクール帽子 … 15　68

🌼 Formal　フォーマル …………………………………… 16　69
T　ペールグリーンのコート／真珠色のサテンワンピース／
　　真珠のピアス／真珠のネックレス ……………………… 16　70
U　キラキラピンクのワンピース／イエロービーズピアス／
　　イエロービーズネックレス ……………………………… 17　71
V　青い千鳥のワンピース／フリンジマフラー／クラッチバッグ … 17　71
W　緑の別珍ジャケット／緑の別珍スカート ……………… 17　72
X　セーター／ハーフパンツ／ネックレス ………………… 18　73
Y　飛行機カットソー／デニム風パンツ …………………… 18　73
Z　トラックカットソー／ホワイトパンツ／スカーフ …… 18　73

🌼 Shoes くつ
ロングブーツ／ストラップシューズ／パンプス／
編上げシューズ／ローヒールパンプス …… 19　74

🌼 Active アクティブ …… 20　75
A2	タンクトップ／ショートパンツ	20	76
B2	チェックのウールジャケット／ノースリーブタートル／		
	チェックのウールパンツ	21	77
C2	大きなポケットのコート／バブーシュカ	21	78
D2	スイムウェア／スイムキャップ	22	79
E2	ジャンプスーツ	23	76
F2	サーカスワンピース	23	64

🌼 Girly ガーリー …… 24　80
G2	小さなお花のワンピース／ヘアリボン	24	81
H2	パフスリーブワンピース	25	82
I2	フリフリドレス	25	81
J2	いちごみるくカーディガン／丸い衿のシャツ／フリルつきストライプスカート	25	83

🌼 Lovely ラブリー …… 26　84
K2	ブラックワンピース／フラワーベルト／ホットピンクタイツ	26	85
L2	グリーンドットワンピース／リボンボタンカーディガン	27	86
	マスコットうさぎのおともだち	27	34
M2	ファイブフラワーワンピース	28	86
N2	赤いボタンのきちんとワンピース／お花畑のヘッドドレス	28	87
O2	レトロフォルムのワンピース	29	88

🌼 Romantic ロマンチック …… 30　89
P2	マーガレットドレス／ガウン	30	90
Q2	草原ドレス	31	91

🌼 Hairpieces ヘアピース …… 32　92
R2	ドットワンピース	32	94
S2	シンプルノースリーブタートル／おしゃれウールスカート／		
	おしゃれウール帽子／ビビッドグリーンタイツ	33	94

マスコットの作り方 …… 34
材料と作り方 …… 35
各作品の作り方 …… 49
服作りで使うテクニック …… 95

🌸 アート

いつでもワクワクしていることが
アートなの。

ソーダカラーを効かせたホ
ルターネックワンピース。
衿もとのお花はこだわりの
ヴィンテージパーツで
A ･･▸ p.51
ヘア ･･▸ p.50

いちばん好きなヴィンテージコットンで作るパンツとヘアバンド、バイオレットのノースリーブタートル／B　絵を描く気持ちで縫い上げるワンピース／C

B → p.52、C → p.53
original fabric → p.95

D

古着屋さんでひと目ぼれしたブラウスをほどいて仕立てたワンピース。自慢したいのは魅力的な配色

D → p.53

キュートなエナメルのお花の
ワンピースでアイドル歌手を
目指したい／E　ビビッドな
裏布つきファーコート、チェ
ーンベルトつきサニーレザー
のワンピースに、タイツとバ
ッグを合わせて／F

E ⇢ p.54、F ⇢ p.55

🌼 ハンドメイド

プレゼントはいつも手作り。
好きな場所はわたしのお部屋。

編み物をするときに便利なジャンパースカート。まるいポケットにたくさん入れよう。タートルネック、りんごを刺繍したソックスがぴったり

ⓖ ･･▶ p.57
ヘア ･･▶ p.56

何種類もストックしているギンガムチェックからグリーンをチョイスして作ったエプロン。おそろいでクッションも作ってみて

J ⇢ p.60

Look! This is my room.

エプロンとおそろいの生地でクッションを作ったの。
色とりどりのタオルで作ったぬいぐるみもかわいいでしょ？
手芸の本を見ながら、ちくちくするのがいちばん楽しいな。

ゆかいなクッション、タオルのぬいぐるみ ⇢ p.34

スクール

学校でおともだちとおしゃべり
するのがとっても楽しいな！

ペールグリーンのフリルシャ
ツと、週1ではくチェックの
スカート。ソックスはエンブ
ロイダリーリボンがポイント

K → p.60
ヘア → p.63

Two girls don't feel like thinking about what to do after graduation.

赤い衿のストライプシャツに、ころんとボタンがかわいいプリーツスカートを合わせて／L　セーラーカラーのワンピースはボーダー柄の胸当てがポイント／M

L → p.61、M → p.62

こんぺいとう好きにはたまらないこんぺいとう柄のワンピース。髪飾りもぜひ、こんぺいとうで

N → p.64

学校でレッスンを受けたくなるワンピースとバッグに、ちょうどよい厚さのカーディガン

O → p.65

幼めなデザインのワンピースコート。トイクロスで飾ったお花がかわいい雰囲気

P → p.66

とびきりかわいいチロルテープで作りたいワンピース。小さなリボンでデコレーションして

Q → p.64

Friends

R

学校へ行く日にはくプリーツ
スカート、休みの日もときどき
きかぶるスクール帽子、胸に
お花の刺繍があるラグランタ
ートルのコーディネイト

R ⇢ p.67

S

学校に行く日にはくオーバー
オールスカートは、ハートの
ポケットがお気に入り。スク
ール帽子とタートルネックは
R と同じパターンで

S ⇢ p.68

Formal

フォーマル

仕事もあそびも大好き！
なんでもきちんとやる主義よ。

ペールグリーンのふんわり
コートに、真珠色のサテン
で仕立てたシンプルなワン
ピースを合わせて

T ⇢ p.70
ヘア ⇢ p.69

Important days

U

V

W

日曜日のパーティにはバラ色のドレスを。アクセサリーの黄色でちょっと目立っちゃう

U → p.71

月曜日の打合せはマフラーつきのワンピースで。青い千鳥格子柄で好印象をつかむわ

V → p.71

木曜日はプレゼンの日。いちばん気合いが入るのは、大人な緑の別珍スーツ。おしゃれめがねも忘れないで

W → p.72

I actually prefer traveling to working!

旅するときもおしゃれにね。パンツスタイルで軽やかに
セーターとハーフパンツ／X　飛行機カットソーとデニム風パンツ／Y　トラックカットソーとホワイトパンツ、スカーフ／Z

Shoes collection

1

3

4

2

5

スカラップでわくわく気分を盛り上げるロングブーツ。白いベルトのブーツは使い勝手バツグン／1　しましまの中敷きに注目しちゃうストラップシューズ／2　ブラックとホワイトのパンプスがあればこわいものなし！／3　編上げのシューズは元気なワンピースに合わせたい／4　ベースはストラップシューズといっしょ！飾りを変えていろんな表情を楽しんで／5

1〜5 ↪ p.74

🌼 アクティブ

もちろん冬より夏が好き。
毎日ソフトクリームを
食べちゃうわ！

暑い日に大活躍な、ヨットのタンクトップ。真っ白なショートパンツにヨットとおそろいのベルトで元気をアピール

Az → p.76
ヘア → p.75

Yesterday

紅葉の街にお似合いのチェックのスーツセット。中には黒のノースリーブタートルでクールに
B2 → p.77

in an autumn suit

B2

Today

駅まで人を迎えに行くときに着たいコート。大きなポケットがあるから手袋はなくても平気よ
C2 → p.78

in a winter cort

C2

Sunshine is the most precious.

D2

白いボタンがお気に入りのスイムウェア。お花が32個もついたスイムキャップでどこまでも泳いでいきましょ！

D2 ⇢ p.79

$\mathcal{G}$irly

🌷 ガーリー

ピンクのものばかり集めちゃうの。
だってかわいいからしょうがないの。

シンプルなデザインで小花柄を引
き立てるワンピース。いろんな柄
でたくさん作ってみて。おそろい
のヘアリボンもお忘れなく
G2 ↣ p.81
ヘア ↣ p.80

G2

🌸 ラブリー

いいことがあったら
「ラブリー！」って言っちゃうの。

お花のベルトはエナメルにホットフィットをはって。カラフルだから黒いワンピースによく映える！ ホットピンクのタイツでビビッドにまとめてみて

K2 ⇢ p.85
ヘア ⇢ p.84

ボタンの代わりにリボンをあしらった、こっくりからし色のカーディガンに、グリーンのドットワンピースを合わせてシックに
L2 → p.86
うさぎのおともだち → p.34

パープルの別珍ワンピースにはえりすぐりの5色のお花を飾りましょう。繊細なレースを縫いつけてお嬢さんっぽく／M2　フリフリと赤いボタンにときめいちゃう赤い別珍のワンピース。お花畑のヘッドドレスでおんなのこらしさたっぷり！／N2
M2 ➡ p.86、N2 ➡ p.87

小さなおともだち

太陽色のお花柄

オレンジジュース色

アイスクリーム屋さん

ちょっと大人な気分

ピンクの花を集めて

Which to choose...

02

上級者さん向けのプリーツワンピース！ 綿ローンで丁寧に仕立てるレトロなフォルムがキュート

02 ⇢ p.88

original fabric ⇢ p.95

🌷 ロマンチック

別の世界に行ってみたいと
思うことがあるでしょう？

マーガレットをたくさんあ
しらったドレス。レースの
ガウンをはおってふんわり
と別世界へおでかけ

P2 → p.90
ヘア → p.89

P2

Hairpieces

ベースの形はまあるいショートボブ

まんまるおだんごはちょっとななめにつけて

元気な三つ編みはいつでも人気

R2

カラフルなドットが楽しいシンプルワンピース。色ちがいで10着くらいは欲しいところ！
R2 ⇢ p.94
ヘア ⇢ p.92

マスコットの作り方

型紙は付録A面

🌸 おともだち

ドールの縫い方と共通するところも多いので、p.38～も見ておいてね。

材料 〈ねこ〉フェルト…体771×1枚、刺繍糸…体03適量〈うさぎ〉フェルト…体110×1枚、刺繍糸…体818適量〈共通〉フェルト…耳の中123（ピンク）、白目553（薄青）、瞳559（紺）…各少々／刺繍糸…まつ毛823（紺）、鼻と口894（ピンク）…各適量／その他…わた15g、ボタン…9mm4個、スカート生地…9×14cm、面ファスナー…適量、スナップ…5mm2組み、帽子生地…6×10cm、梵天…8mm1個

スカート、帽子の縫い代はパターンに記載。

背中クロス

しっぽ

作り方〔うさぎ〕ねこを参考に作る。耳には少しだけわたを入れる。縫いつけ位置は写真を参考にする。しっぽは丸く切ったフェルトの回りをぐし縫いし、わたを詰めてぎゅっと絞る。

作り方 スカート、帽子以外は縫い代をつけずにパーツを切り抜く。
〔ねこ〕❶頭部と頭部横（2枚）を縫い合わせる。❷鼻の下の頭部どうしを縫い合わせる。❸頭にわたを詰める。❹体、手、足をそれぞれ縫い合わせ、わたを詰める。❺頭に体を差し込んでコの字とじる。❻外側にボタンを通しながら手、足を縫いつける。❼内耳に2枚にはがした耳内側を木工用接着剤で仮どめして縫いつけ、外耳と縫い合わせる。耳を頭の丸みにそってカーブさせながら接着剤で仮どめし、まち針で両サイドをとめて乾かす。乾いたらコの字とじで縫いつける。❽しっぽを縫い合わせ、わたを詰める。❾接着剤で仮どめしてからコの字とじで縫いつける。⓫ドールと同じように目のパーツを作ってはり、まつ毛を刺繍する。⓬鼻、口を刺繍する。⓭ほっぺにチークを入れるとかわいい。
〔スカート〕⓮ウエストからしっぽのあきまでを折って接着剤ではり、面ファスナーもはってステッチで押さえる。⓯裾を折ってステッチで押さえる。⓰後ろ中心を縫い合わせる。⓱スナップをつける。⓲肩ひもの両脇を折ってステッチしスナップをつける。⓳バランスを見て肩ひもをスカートに縫いつける。
〔帽子〕⓴かぶり口を折ってステッチする。㉑2枚を中表に縫い合わせ、縫い代に細かく切込みを入れる。㉒表に返し、梵天をはる。

🌸 タオルのぬいぐるみ 4種共通

材料 パイル地…7×12cm／レース糸…20番少々／フェルト…4×4cm／わた…少々／ビーズ…2.5mm2個／手縫い糸（黒）…少々

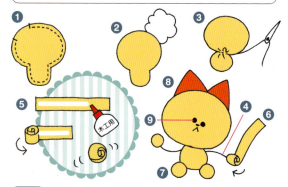

作り方 ボディは4mmの縫い代をつけて裁つ。それ以外はつけない。❶返し口を残して2枚を中表に縫い合わせる。❷表に返しわたを詰める。❸首を細かく並縫いし、きゅっと引いて段を作る。❹レース糸を体に通し、よい長さで切る。❺足のパーツに接着剤をつけ、くるくる巻く。接着剤が乾かないうちに粘土を丸めるように丸める。❻手も❺と同じように作るが、レース糸の端に巻きつけるようにする。❼足を接着剤ではる。❽耳、口もと（くま）のパーツはフェルトを切って接着剤ではる。❾目はビーズをつけ、鼻と口は刺繍する。位置はお好みで。

🌸 ゆかいなクッション 2種共通

材料 コットン…ボディ、手、足8×14cm、ズボン5×14cm、目、鼻、耳の中、各少々／わた…少々／フェルト…4×4cm／ビーズ…3mm2個／手縫い糸（黒）…少々

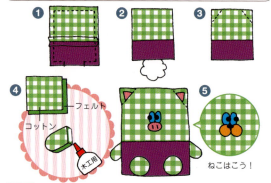

ねこはこう！

作り方 ボディ、ズボンは4mmの縫い代をつけて裁つ。それ以外はつけない。❶前、後ろそれぞれのボディとズボンを中表に縫い合わせる。返し口を残して2枚を中表に縫い合わせる。❷表に返しわたを詰める。❸耳の部分を細かく本返し縫いする。❹ボディの生地とフェルトをはり合わせ、手と足を切り出し、接着剤ではる。❺耳、鼻、目は補強した生地を切り出して裏に接着剤を塗ってはる。瞳はビーズをつけ、鼻は刺繍する。

材料と作り方

ドールは「ハンドメイド」ちゃんで作り方を覚えましょう。
ヘアスタイルとメイクを変えるだけで、いろんなおんなのこが作れます。
材料や洋服作りのポイントも紹介しています。

基本の道具と材料

製作に必要な道具や材料を紹介します。
手芸店やドール用品店で手に入ります

ミシン
服を縫うための一般的な家庭用のミシン。なければ手縫いでも可。

パッチワークアイロンとスチームアイロン
服作りには、写真のような小型がおすすめ。スチームアイロンは一般的なものでよい。

パッチワークボード
アイロン台にカッティングマット、しるしつけ台がついたもの。折りたためるタイプが便利。

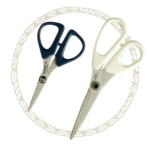

はさみ
布用の裁ちばさみ、先のとがったよく切れるカットワークはさみを使う。

割り箸・竹ぐし・つまようじ
ドールの芯にしたり、わたを詰めたり接着剤をつけたりするときに使う。

針
ぬいぐるみ針、一般的な縫い針、刺繍針、まち針は用途に合わせて使いやすいものを。

目打ち
ドールのボディと頭をつなげるときに、パーツに穴をあけるために使用。

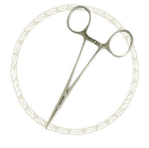

手芸用かんし
袋状のパーツを裏返すなどの、細かい作業のときにあると便利。

段ボール紙
ドールの髪の毛になる毛糸を巻き取るためのもの。さまざまな長さにカットして使う。

コーム
人用のくし。ヘアを整えるのに使う。おしりのとがったものが便利。

フェルティングニードルとマット
ヘアの形は、ニードルで刺し固めて作る。マットはヘアピースを作るときに使う。

チーク道具
ほほ色をつけるときに使う。パステルや人用のチークパウダーも可。

接着剤
ドールには木工用、服には布用やほつれ止め液、装飾には多用途接着剤など使い分ける。

ペン類
印つけ用にチョークペンや、ボールペン、目の瞳には修正ペンを使う。

メジャー・三角定規
立体や曲線をはかるときはメジャーを使う。透明な三角定規は縫い代をとるときに便利。

刺繍糸
ドールのボディやヘアを作るときに。DMCの25番刺繍糸がおすすめ。

一般布
服に使う手芸店で手に入る布。木綿が使いやすい。好きなものを選ぶ。

特殊布
衿ぐりに使うナイロンシャー、タイツになる網状の布、合皮レザーなど。

ビンテージファブリック
古着屋で買った服をほどいたものや、アンティークショップのカットクロスなど。

面ファスナー
販売形状はさまざま。できるだけ薄いものを選ぶと仕上りがきれい。

フェルト
ドールのボディやメイクに使う。ウール60％のサンフェルトの「ミニー」がおすすめ。
※ウォッシャブルは避ける

毛糸
ドールのヘア用。ウール100％を選ぶ。「ハマナカ純毛中細」がおすすめ。

わた
ドールのボディに詰めて使う。アライの「フックラ手芸わた」がおすすめ。

金具パーツ
服の飾りやアクセサリーのほか、ヘアパーツ用のピンとコームなど。

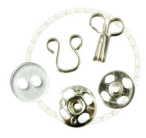

とめ具
ドールのボディに透明の力ボタンを、服にスナップやスプリングホックを使う。

飾りボタン・バックル
ドール用ボタンやバックルを使う。ボタンの代りに小さなビーズを使うことも。

デコパーツ
服の装飾用。プラスチック素材でも、多用途接着剤で接着できる。

リボン
服の装飾用。レースやチロルテープ、細めのリボンを使う。

おんなのこの作り方

ドールは、ボディの作り方はすべて同じ。
基本の作り方を「ハンドメイド」ちゃんで紹介します。

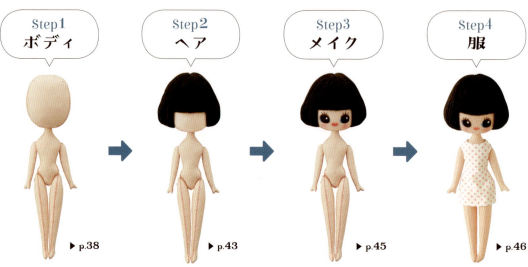

Step1 ボディ	Step2 ヘア	Step3 メイク	Step4 服
▶ p.38	▶ p.43	▶ p.45	▶ p.46

Step1 ボディの作り方

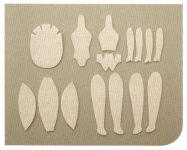

1 型紙どおりにフェルトを切り抜く。このとき、縫い代はつけない。型をフェルトに写すときは、細い赤ボールペンが便利。

Point フェルトを切るときは、型紙から写し取った線のすぐ内側を切ると、型どおりのサイズになる。

◆ 頭パーツ

2 後頭部から縫う。型紙の★を縫い合わせる。上下を間違えないように注意してまち針でとめ、刺繍糸2本どりで縫う。

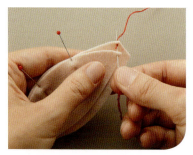

3 縫始めの玉結びは内側に入るようにする。巻きかがりで端まで縫う。

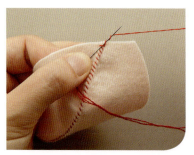

4 縫終りは同じ場所にもう一度針を入れる。横に渡った糸をすくいながら玉止めし、目立たないように糸を後ろに引く。

5 後頭部が縫えたところ。こちらが表面になる。

6 顔を縫う。顔の4か所の切込みを巻きかがりでとじる。

7 5の後頭部と、6を外表に合わせ、まち針でとめ、回りを頭頂部から巻きかがりで縫う。最後3cmほどあけておく。

写真では分かりやすいように、赤色の糸を使っているよ!

8 指で確かめながら、わたを詰める。ほほがきれいに丸くなるように、押しても変形しないくらいぎっしり詰める。

9 わたを詰めたら、巻きかがりで口を縫いとじる。玉止めは中に隠す。

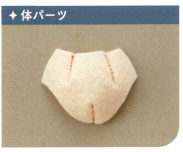

✦ 体パーツ

10 おしりの3か所の切込みを巻きかがりでとじる。こちらが表側。

11 背中を写真のように中表に合わせ、まち針でとめる。おしり側が少し長いが、端を合わせ、巻きかがりで縫い合わせる。

12 11の体の後ろ側(右)と体前(左)を用意する。

13 外表に合わせ、首側から写真のあたりまで巻きかがりで縫い、おしりにわたを詰める。

14 おしりにわたを詰めたら、肩まで縫いとじ、割り箸を使ってわたを詰める。

15 さらに首もとまで縫う。竹ぐしを1本ずつ、計2本さして体の軸にする。

16 首がしわにならないように、すきまなくわたを詰める。竹ぐしを使って少しずつ。

17 わたを詰めたら、竹ぐしをぎりぎりのところで切り、切り口に木工用接着剤をつけて口をふさぐ。

接着剤は竹ぐしが隠れるくらいにたっぷりつけよう

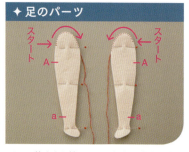

18 接着剤が乾いたら、体の完成。

◆ 足のパーツ

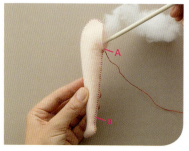

19 2枚をまち針でとめ、矢印の方向に巻きかがりする。ツイストすることを考慮し、写真のように左右の足を対称に縫う。

20 aまで縫ったら足先にわたを詰め、Aまで縫い、全体にわたをぎっしり詰める。残りは少しずつ詰めながら縫いとじる。

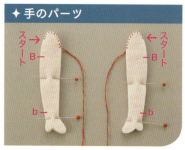

21 つま先が内向きの、おんなのこの足が完成。

◆ 手のパーツ

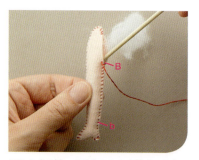

22 2枚をまち針でとめ、足と同じようにツイストを考慮しながら左右の手を対称に巻きかがりする。

23 bまで縫って手先にわたを詰め、Bまで縫い、全体にわたをぎっしり詰める。残りは少しずつ詰めながら縫いとじる。

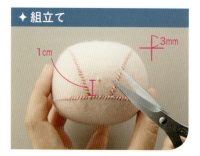

24 ボディのパーツがすべて完成。

◆ 組立て

25 頭の首側の中心に、十字の切込みを入れる。

26 切込みに目打ちを刺し、穴をあける。このとき、体をさし込むことをイメージし、傾かないように注意する。

27 さらに、割り箸1本をさし込み、穴を広げ、割り箸よりひと回り太いペンなどをさし込み、穴を広げる。

首を可動させたいときは、29〜31の工程を省略してね

28 頭のパーツに体のパーツをさし込んで様子を見る。入りにくい場合は、穴を少しずつ広げて調節する。

29 きちんと入ることを確認したら、木工用接着剤を穴に入れ、体のパーツをさし込む。

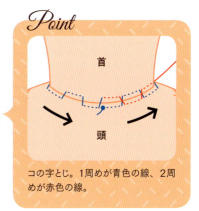

30 頭と体のつけ根を、コの字とじで縫いとじる。玉止めは最後に隠す。

31 コの字とじで2周縫うと丈夫に仕上がる。2周めは糸運びが1周めと互い違いになるように縫うときれい。

Point コの字とじ。1周めが青色の線、2周めが赤色の線。

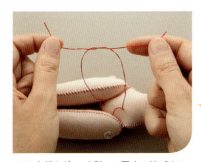

32 足と体をつなげる。バランスを見るために、ぬいぐるみ針に足のパーツと体のパーツを通して、つなぐ位置を確かめる。

33 位置が決まったら針を抜き、その針穴にペンで印をつけておく。

34 33の印を目安に両足の外側にボタンをつけながら、写真のように糸を通して、足と体をつなぐ。

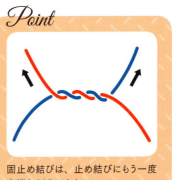

35 糸端をぎゅっと引いて固止め結びする。

Point 固止め結びは、止め結びにもう一度糸端をくぐらせたもの。

36 もう一度止め結びをし、糸端をまとめて針に通し、体にくぐらせて切る。

37 手のパーツを体のパーツにつなげる。**32**、**33**と同様につなぐ位置を確認して印をつけ、写真のように糸でつなぐ。

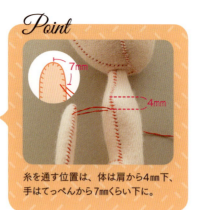

Point
糸を通す位置は、体は肩から4mm下、手はてっぺんから7mmくらい下に。

38 **35**〜**36**のように糸を結んで糸端を切ったら、ボディの完成!

✦ ボディの完成イメージ ✦

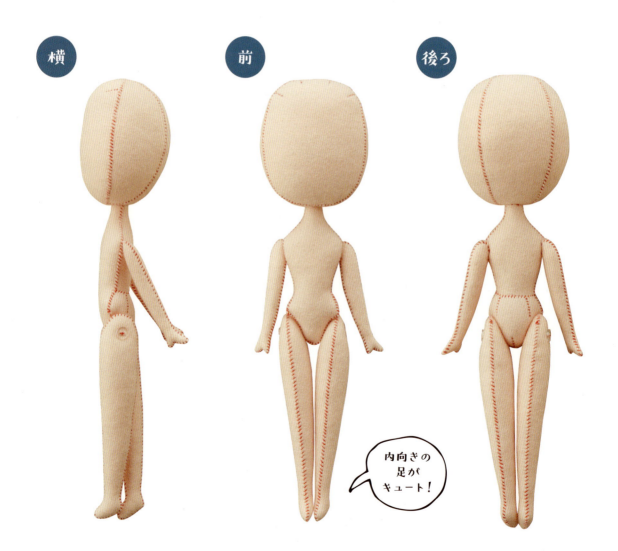

横　前　後ろ

内向きの足がキュート!

Step2 ヘアの作り方

1 段ボールを指定の長さに切り、髪の色の毛糸を指定回数巻く。巻くときはできるだけ、ふんわりと。

（長い辺と平行に巻く）

2 スチームアイロンを当て、毛糸のくせを取る。アイロンは浮かせてスチームのみを当てるように。

3 毛糸を段ボールからそっと外し、輪の上端を髪と同じ色の刺繍糸2本どりで結ぶ。反対側ははさみで切る。

4 頭頂部に、写真のようにボールペンで印Aをつける。

5 印Aに刺繍糸を通し、3の毛糸の束ねた部分に通して止め結びする。これが前髪になる。

6 後ろ髪を用意する。1、2と同じ手順で作り、段ボールから外したら結ばずに片側だけ切る。右と左2つ作る。

7 頭頂部に、写真のようにボールペンで印Bをつける。AとBを結んだ線も引いておく。

8 AからBまでの印の上に、6の後ろ髪の片方分を開いてのせる。写真のように別の毛糸をまち針でとめ、中心を押さえる。

9 左側に毛束を倒す。AとBを結んだ線の1mmほど右側に、刺繍糸を出して、本返し縫いを始める。縫い幅は4mm。

10 9の縫い幅（4mm）分に収まる毛束を取り、右に倒し戻す。

11 本返し縫いで、倒し戻した毛束を縫いとめる。次も同様に、縫い幅4mm先に刺繍糸を出す。

12 次の毛束を倒し、本返し縫いでとめる。これを端まで何度か繰り返して、すべての毛束を縫いつける。

13 後ろ髪の右分が縫いつけられたところ。髪は右へ全部倒し、同様にして、左分の毛束も本返し縫いで縫いつける。

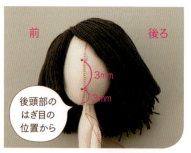

14 横向きにし、前髪と後ろ髪をかき分け、写真の位置にボブヘアの芯を作りつけていく。

15 ボブヘアの芯になる毛束を、指定の長さと回数用意し、輪を両端とも切る。

16 14のあごから3cmと6cmの位置に、刺繍糸を縫い出し、15の毛束の片側を置いて糸端を止め結びし、固定する。

17 同様に、後頭部をぐるりと5か所に分けて、毛束を固定する。

18 毛束は、写真のような三角形になるように手で整え、毛先は、はさみで切って形を整える。

19 後ろ髪をすべて下ろし、コームでとかしながら芯を隠すように覆う。衿足にフェルティングニードルを浅く斜めに刺し、毛糸をからませる。

20 衿足の毛糸が固まってきたら、毛先をボブヘアの形に少しずつ切りそろえる。

21 毛先をフェルティングニードルで深く強めに刺し、17でつけた芯や頭部のフェルトに固定していく。

22 前髪を整える。出来上りラインを決め、周辺の毛糸のみをニードルで少し固めたら、ラインより5mmほど長めに切る。

23 毛先が内向きに丸くなるように、ニードルで出来上りラインに刺し込む。フェルトまで刺して固定するぐあいで。

24 ハンドメイドちゃんのヘアの完成！

Step3 顔の作り方

1 白目と瞳の色のフェルトを目の型紙にそって1枚ずつ切る。型紙を写すときはアイロンで消える白チョークペンが便利。
※クロバーの「アイロンチャコペン〈白〉」がおすすめ

2 白目と瞳を、少しずつ丁寧に半分にはがして2枚にする。

3 2枚ずつになったところ。毛羽立ちがあるほうが、接着面になる。

4 白目と瞳を重ね、斜線のあたりを木工用接着剤ではり合わせる。目の向きをイメージし、ラインを描く。左右並べるとやりやすい。

5 4のラインにそって瞳のみ丁寧に切る。接着されていない部分にもつまようじで接着剤をつけ、全体をはり合わせる。

6 目の位置を決め、つまようじを使って少しずつ接着剤をつけながら、目を顔にはりつける。

目頭はあらかじめとがらせて

7 まぶたをつける。2×50mmに切ったフェルトを2枚にはがして、目のカーブにそって接着剤ではり、三日月形に切る。

ぬいぐるみ針で

8 後ろ髪の際から、針を入れ、まつ毛を刺繍糸2本どりで刺繍し、最後は目頭から糸を出す。玉止めはせず、10cmほど糸を残しておく。

8で針を入れたところがスタート位置

9 アイラインの位置に接着剤を細かくつけ、8で出した糸をはる。目尻からスタート位置に糸を出し、残した糸と止め結びする。糸端は髪にくぐらせて切る。

10 瞳の光を、修正用ペンで描き入れる。点を打ち、乾いたらまた打ち、を3、4回繰り返してだんだんと濃くする。

◆ リップ

11 フェルトを型紙にそって切り取り、2枚にはがして顔にはりつける。小さな型紙はフェルトにテープで固定して切るとよい。

◆ チーク

12 パステルや化粧用チークを、化粧ブラシに少量とり、ほほに色をつける。これで顔も完成！

Step4 服の作り方

服の作り方のポイントは、p.95にも載っています。参考にしてください。

🌼 基本のワンピース

1 図案を布に写し取る。クリアファイルに図案を写し、型紙として使うと、繰り返し使えて便利。

2 指定以外は5mm外側に、縫い代を足す。カーブは点で目安をしるし、つなぐように線を描く。透明な定規が使いやすい。

3 縫い代で布を裁ち、縁にほつれ止め液を塗る。

4 前身頃と後ろ身頃を中表に合わせ、肩を縫い、角を切り落とす。縫い代は割り、アイロンで押さえる。

5 開いて、表に見返しになるナイロンシャーを重ね、衿ぐりを縫う。

6 衿ぐりの形に合わせて余分なナイロンシャーを切り落とし、布とナイロンシャーの縫い代に5mm間隔で切込みを入れる。

7 ナイロンシャーを裏に折り返し、表側から衿ぐりの1mm内側を縫い、ナイロンシャーを7〜8mm残して切り落とす。

8 袖ぐりの縫い代に切込みを入れ、裏に折り返して布用接着剤ではり、表側から1mm内側を縫う。

9 前身頃と後ろ身頃を中表に重ね、脇を縫い、角を落とす。

10 脇の縫い代を割り、アイロンで押さえる。

11 裾を出来上がりに折り、アイロンで押さえ、表から縫う。後ろあきを出来上がりに折り、面ファスナーを写真のように布用接着剤で仮どめする。

12 写真のように面ファスナーを縫いとめる。

13 後ろ中心を縫い合わせる。縫い代は割り、アイロンで押さえる。

14 表裏を返して、基本のワンピースの出来上り。

後ろ側は面ファスナーでとめれば、このようになる。

衿のつけ方

1 型紙より大きめの布に写し取り、中表に縫い合わせて写真のように裁断し、ほつれ止め液を塗る。上部の縫い代は5mm、それ以外は3mm。

2 表に返してアイロンで押さえ、回りの縁から1mmのところを縫う。

3 身頃の衿ぐりに切込みを入れ、衿と合わせて出来上りの1mm外側をしつけする。

4 見返しも3の図のように縫い代に切込みを入れて合わせ、出来上りの1mm内側をしつけする。2本のしつけの間を縫い、衿の縫い代にも切込みを入れる。

5 ナイロンシャーを裏に折り返してアイロンで押さえ、衿をよけて身頃とナイロンシャーのみ衿ぐりにそって縫い合わせる。

6 衿がついたところ。完成したら着せてみて、衿が浮くようなら★のあたりを目立たないよう身頃に縫いとめる。

袖のつけ方

1 袖口を折って縫い、指定の長さになるよう袖山にギャザーを寄せる（ギャザーの寄せ方はp.95を参照）。

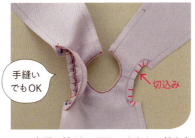
2 身頃の袖ぐりに切込みを入れ、袖と中表に合わせる。出来上りの1mm外側にしつけをしてから（青）縫う（赤）。

3 ふっくらとした袖の完成。縫い代は袖側に倒しておく。

🌼 バイアス布のつけ方

◆ 基本

1 バイアス布をつけたい部分に、バイアス布を中表に重ねてまち針でとめ、2㎜内側を縫い合わせる。このとき、しつけをしたほうが縫いやすい。

2 バイアス布を裏側へ折り返し、アイロンで押さえる。

3 布の境目（バイアス布でなく主布のぎりぎりのところ）を、裏側へ折り返したバイアス布と一緒に縫う。

◆ 外カーブ

凸状のカーブは、バイアス布を寄せぎみにまち針でとめ、しつけをして縫う。

◆ 内カーブ

凹んでいるカーブは、バイアス布を引っ張りながらまち針でとめ、しつけをして縫う。

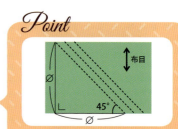

Point
バイアス布は、布目の方向に対して45度の角度で裁断すれば自作できる。市販のものでもよい。

◆ 内角

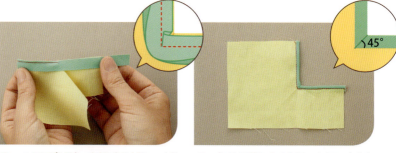

1 写真のあたりまで◆**基本**と同様に一辺を縫い合わせ、後ろの布のみ切込みを入れる。

2 バイアス布がまっすぐになるように、もう一辺をそわせて縫い合わせる。直角に戻すとき、縫い代を図のようにたたむ。

3 角が45度になるようにバイアス布をたたんで裏側へ折り返し、◆**基本**の**3**と同様に縫う。

◆ 外角

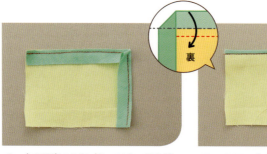

1 写真のあたりまで、◆**基本**と同様に一辺を縫い合わせる。

2 角を写真のように折ってもう一辺を縫い合わせる。

3 バイアス布を裏側へ折り返し、角が45度になるよう整える。裏側のバイアス布も45度にたたみ、◆**基本**の**3**と同様に縫う。

各作品の作り方

掲載しているドールと服の材料や作り方を紹介しています。
はじめる前にこのページを読んでおき、材料と手順も確認してから作りましょう。

✦ 作るときの参考ページ

ドールの基本的な作り方→「おんなのこの作り方」…p.38~45
服の基本的な作り方→「服の作り方」…p.46~47
衿のつけ方…p.47
袖のつけ方…p.47
バイアス布のつけ方…p.48
ギャザーの寄せ方…p.95
糸ループをつけるときの後ろあきの縫い方…p.95
糸ループのつけ方…p.95

✦ 材料について

毛糸…ハマナカの「純毛中細」を使用。
刺繍糸…DMC 25番刺繍糸を使用。
フェルト…サンフェルトの「ミニー」を使用。
＊繊維のからめやすいウール60％以上のもの。
　ウォッシャブルは避ける。

各材料に記載の番号は、上記の材料の色番号です。
見た目の色も記載したので、参考にしてください。

（例）毛糸（黒＝30）または（えんじ＝11）………1玉
　　　色名┘　　　　　　└色番号

✦ 作るときのポイント

〔ドールについて〕
○ ヘア用の毛糸を段ボールに巻くときは、段ボールの長い辺と平行に、できるだけふんわり巻く。
○ ヘア用の毛糸は、ヘアの芯とモヘア以外はすべてスチームを当てる。このときアイロンは浮かせ、スチームのみを当てる。
○ 何度か着せかえるうちにボディの表面が毛羽立ってくるが、はさみで丁寧にカットすれば長持ちする。

〔服について〕
○ 縫い代は指定がない場合は5㎜。各作り方の裁合せ図を参考にする。
○ パーツを裁断したらほつれ止め液を塗る。
○ 基本的にはミシンで縫う。小さいパーツや縫いにくい生地は、布の下に紙（普通紙でOK）を敷き、
　 一緒に縫うと縫いやすい。紙は後で縫い目にそって破く。
○ 袖つけ、衿つけなどミシンで縫いにくい部分は、手で細かく本返し縫いする。
○ カーブした縫い代は切込みを入れる。縫い代の角は落とす。

へこんだカーブ

でっぱったカーブ

角

○ スナップは5㎜、ホックは0号を使用する。
○ ヴィンテージファブリックを使用すると雰囲気のある作品ができます！　薄手のニットのように、生地屋さんで
　 手に入りにくいものはリサイクルショップやセールで購入した服をほどいて使うと、安上りなうえ、ちょうどよくおすすめ。

Art（A▶F）
アート p.4〜7

材料

♦ ヘア
毛糸（黒＝30）または（えんじ＝11）……… 1玉
刺繍糸（黒＝310）または（えんじ＝902）
……………………………………………… 適量

♦ ボディ
フェルト（薄オレンジ＝336）……………… 3枚
刺繍糸（薄オレンジ＝3856）………………… 1束
わた ………………………………………… 60g
竹ぐし ……………………………………… 2本
力ボタン ………………………… 直径8mm 2個

♦ 顔
フェルト瞳（黒＝790）、白目（水色＝553）、
まぶた（薄黄緑＝405）または（ピンク＝123）、
リップ（赤＝114）…………………… 各適量
刺繍糸（黒＝310）…………………………… 適量

ヘアの作り方

・ボディの作り方はp.38、顔の作り方はp.45をそれぞれ参照

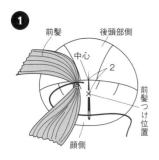

❶ 20×6cmの段ボールに毛糸を35回巻き、片側の輪を結びもう一方をカットした前髪用糸束を、つけ位置に縫いつける。

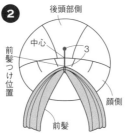

❷ 前髪つけ位置から3cmのところに後ろ髪つけ位置を図のように印をつける。

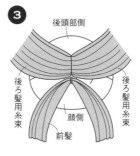

❸ 30×10cmの段ボールに毛糸を65回巻き、片側の輪をカットした後ろ髪用糸束2つを❷の印の左右にそれぞれ縫いつける。

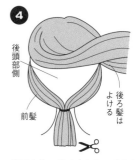

❹ 前髪を首の後ろで束ね、毛先を切りそろえる。

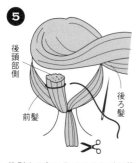

❺ 前髪を2束に分けてそれぞれ後頭部に折り上げ、刺繍糸で縫いとめる。

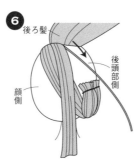

❻ 後頭部の地肌を隠すように、後ろ髪の内側の糸を1本1本並べながら下ろす。これを繰り返して右半分の内側の後ろ髪を下ろす。

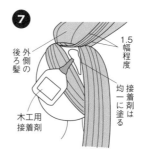

❼ ❻で下ろした髪を端から1.5cm幅程度をそっと持ち上げ、地肌に接着剤を均一に塗り、髪を下ろして接着する。

❽ 続けて、❼と同様にして1.5cm幅ずつ後ろ髪をはる。これを繰り返して右半分の内側の後ろ髪を頭部にはりつける。

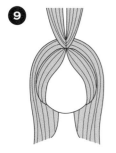

❾ 左半分の内側の後ろ髪も❻〜❽と同様にして後頭部にはる。残した外側の後ろ髪を下ろし、整える。

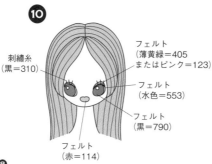

❿ p.45を参照して顔を作る。

(p.4) ◆ 型紙は付録A面

材料

◆ ホルターネックワンピース
綿ブロード(水色・白)
　…………… 各22×15cm
見返し用ナイロンシャー
　…………… 25×10cm

スナップ ………… 1組み
ボタン用ビーズ
　………… 直径4mm 3個
花用ビーズ … 直径8mm 1個
花形パーツ ………… 1個

作り方 ＊縫い代はすべて割る

◆ ホルターネックワンピース
1. 身頃のパーツを縫い合わせる(Point.1図を参照)。
2. 身頃の脇〜背中のあきを折りステッチで押さえる。
3. 見返しと裾を中表に合わせて丁寧にスカラップを縫う。余分な縫い代をカットし、細かく切込みを入れる。表に返してアイロンで整える(Point.2図を参照)。
4. 衿を身頃に縫いつける(Point.3図を参照)。
5. 後ろ中心をあき止りまで縫い合わせる。
6. 後ろあきにビーズと糸ループを縫いつける(p.95参照)。
7. 衿にスナップをつける。
8. 衿の表側に飾りをつける。

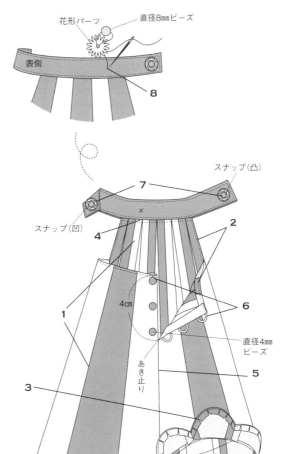

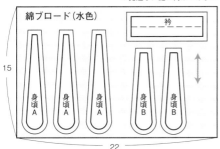

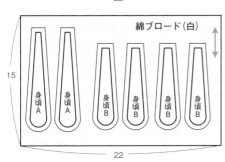

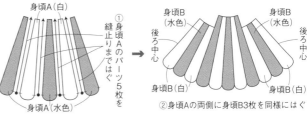

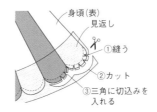

B (p.5) ◆型紙は付録A面

材料

◆ノースリーブタートル
綿スムースニット
　………… 18×14cm
面ファスナー …… 0.6×6.5cm

◆パンツ
コットン ………… 20×35cm
サテンリボン …… 3mm幅30cm
スナップ ………… 1組み

◆ヘアバンド
コットン ………… 20×8cm
裏布用コットン … 20×8cm
ゴムテープ ……… 5mm幅8cm

作り方
＊縫い代は指定以外すべて割る

◆ノースリーブタートル
1　前後身頃の肩を縫い合わせる。
2　袖ぐりを縫う。
3　衿を身頃に縫いつける（Point.1図を参照）。
4　脇を縫い合わせる。
5　裾を縫う。
6　後ろあきを出来上がりに折り、面ファスナーをつけて縫う。

◆パンツ
1　前後パンツの脇を縫い合わせる。
2　裾を縫う。
3　前中心を縫い合わせる。
4　ウエストを出来上がりに折り、リボンをつけて縫う。
5　後ろ中心をあき止まで縫い合わせる。縫い代は左側へ倒す。
6　股下を左右続けて縫い合わせる。
7　後ろあきにスナップをつける。
8　リボンを作り、ウエストに縫いつける。

◆ヘアバンド
1　表布、裏布の両端を出来上がりに折る。
2　返し口と両端を残して中表に縫い合わせる。
3　表に返し、返し口をコの字とじする。
4　両端にゴムテープを挟み込んで縫う。

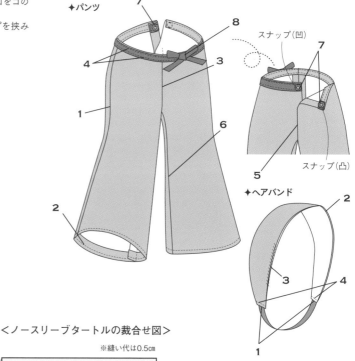

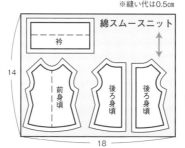

<ノースリーブタートルの裁合せ図>

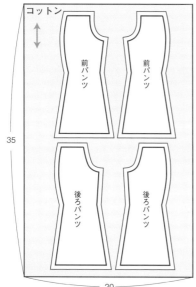

B <パンツの裁合せ図>

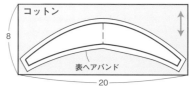

<ヘアバンド表布の裁合せ図>
※縫い代は0.5cm
※裏布用コットンも裁ち方共通

C (p.5) ✦ 型紙は付録A面

材料　＊オリジナルプリントは、original fabric（p.95を参照）を使用。

✦ プリントワンピース
オリジナルプリント
　……………… 24×18cm
サテンリボン …… 2mm幅20cm
面ファスナー ……… 1×8cm

作り方

✦ プリントワンピース
1. 身頃を出来上がりに折り、後ろあきに面ファスナーをつけてぐるりとステッチで押さえる。
2. ポケットを作り、つける（Point.1図を参照）。
3. 肩ひもを縫いつけ、リボンを作り接着剤ではる。

C ＜裁合せ図＞
※縫い代は0.5cm

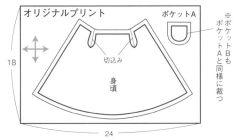

D (p.6) ✦ 型紙は付録A面

材料

✦ サイケワンピース
アムンゼン ……… 35×15cm
見返し用ナイロンシャー
　……………… 8×6cm
レース ………… 13mm幅24cm
面ファスナー ……… 1×3.5cm

作り方　＊縫い代はすべて割る

✦ サイケワンピース
1. 前後身頃の肩を縫い合わせる。
2. 見返しをつけて衿ぐりを縫う（p.46参照）。
3. 袖口を縫う。
4. 袖山にギャザーを寄せ身頃に縫いつける（p.47参照）。
5. 袖下〜脇を縫い合わせる。
6. 裾を縫う。
7. 後ろあきを出来上がりに折り、面ファスナーをつけて縫う（p.46参照）。
8. 後ろ中心をあき止まで縫い合わせる。
9. 裾にレースを接着剤ではる。

D ＜裁合せ図＞
※縫い代は0.5cm

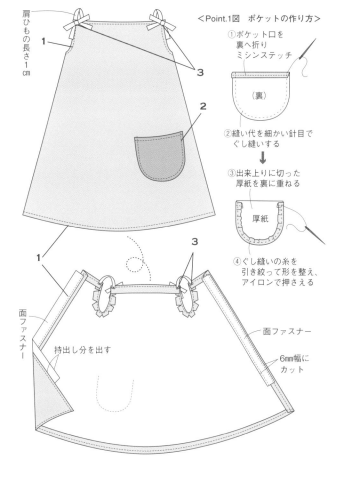

＜Point.1図　ポケットの作り方＞

① ポケット口を裏へ折りミシンステッチ
② 縫い代を細かい針目でぐし縫する
③ 出来上がりに切った厚紙を裏に重ねる
④ ぐし縫いの糸を引き絞って形を整え、アイロンで押さえる

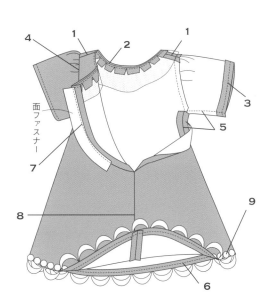

E (p.7) ✦ 型紙は付録A面

材料

◆アイドルドレス
- オックス ………… 25×21cm
- エナメル（赤）…… 23×12cm
- エナメル（緑）…… 5×9cm
- 花心用コットン ……… 適量
- 刺繍糸（緑）………… 適量
- ひも ……… 太さ2mm幅 22cm
- 面ファスナー …… 1×1.5cm
- ビーズ …… 直径5mm×2個
- スナップ ………… 1組み

作り方 ＊縫い代は指定以外すべて0.5

◆アイドルドレス
1. 身頃とスカートのアップリケの位置に印をつける。
2. 身頃の脇〜背中のあきを折り、ステッチで押さえる。
3. 衿を縫いつける（p.51、Aワンピース、Point.3図を参照）。
4. スカートの裾を縫う。
5. 身頃とスカートを縫い合わせ、縫い代を身頃側に倒しステッチで押さえる。
6. 身頃の後ろあきを出来上りに折り、面ファスナーをつけて縫う。
7. スカートの後ろ中心をあき止りまで縫い合わせる。
8. 衿にスナップをつける。
9. 花、葉、裾のスカラップを接着剤ではる。茎は刺繍する（Point.1図を参照）。
10. ウエストのひもは両端にビーズを多用途接着剤ではる。

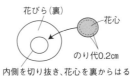

E ＜裁合せ図＞ ※指定外の縫い代は0.5cm

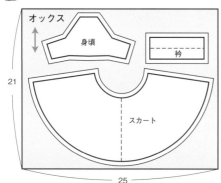

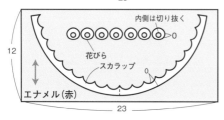

＜Point.1図 花モチーフの作り方＞

花びら（裏）／花心／のり代0.2cm
内側を切り抜き、花心を裏からはる

P.55 F ＜ワンピースの裁合せ図＞ ※縫い代は0.5cm

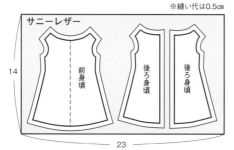

＜タイツの裁合せ図＞ ※縫い代は0.5cm

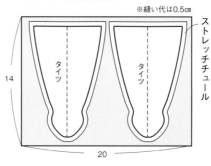

＜バッグの裁合せ図＞

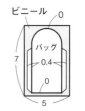

F (p.7) ✦ 型紙は付録A面

材料

✦ ファーコート
- 薄手ファー ……… 25×28cm
- 裏布用コットン …… 25×28cm
- ビニール ………… 2×11cm
- ホック …………… 2組み

✦ ホワイトレザーワンピース
- サニーレザー …… 23×14cm
- チェーン ………… 6.5cm
- 面ファスナー …… 1×4cm

✦ タイツ
- ストレッチチュール
  …………………… 20×14cm

✦ ショルダーバッグ
- ビニール ………… 5×7cm
- チェーン ………… 18cm
- 楕円ビーズ …… 幅6mm 1個

✦ ブーツ
p.74を参照

作り方
※縫い代はすべて割る

✦ ファーコート
1. 表布、裏布の前後身頃と袖をそれぞれ縫い合わせる。
2. 表布と裏布を中表にし袖口を縫い合わせる。
3. 表布の脇～袖下～裏布の袖下～脇と続けて縫う（Point.1図を参照）。
4. 衿ぐり縫い代に切込みを入れ表布と裏布を中表に合わせしつけをする。
5. 左前身頃の前あきになる部分に返し口を残し、左前あき～衿ぐりまで縫う。
6. 右前身頃の前あきになる部分にスカラップを挟み込んでしつけをする。
7. 衿ぐりの続きを右前あき～裾～左前あき（返し口まで）の順に続けて縫う。
8. 表に返し、アイロンで整えて返し口をコの字とじする。
9. 前あきにホックをつける。

✦ ホワイトレザーワンピース
1. 前後身頃の肩を縫い合わせる。
2. 見返しなしで衿ぐりを縫う（袖ぐりと同じ処理）。
3. 袖ぐりを縫う。
4. 脇を縫い合わせる。
5. 裾を縫う。
6. 後ろあきを出来上がりに折り、面ファスナーをつけて縫う。
7. 後ろ中心をあき止まりまで縫い合わせる。
8. チェーンをウエストに縫いつける。

✦ タイツ
1. はき口を二つ折りにして縫う。
2. 中表に後ろ中心を縫い合わせ、表に返す。

✦ ショルダーバッグ
1. 中表で両端を縫い合わせる。
2. 表に返しふたを本体にとめながらビーズを縫いつける。
3. チェーンを縫いつける。

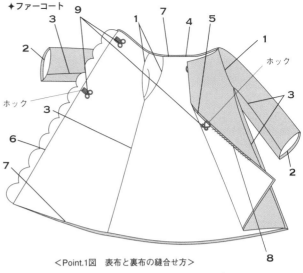

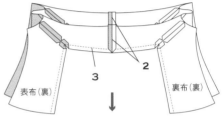

<Point.1図 表布と裏布の縫合せ方>

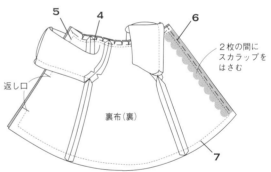

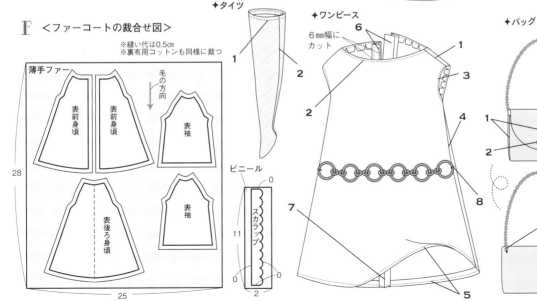

Handmade (G・J)

ハンドメイド p.8〜11

材料

◆ ヘア
- 毛糸（こげ茶＝5）……………… 1玉
- 刺繍糸（こげ茶＝3371）………… 適量

◆ ボディ
- フェルト（薄オレンジ＝301）……… 3枚
- 刺繍糸（薄オレンジ＝948）………… 1束
- わた ……………………………… 60g
- 竹ぐし …………………………… 2本
- 力ボタン ………………… 直径8mm 2個

◆ 顔
- フェルト瞳（こげ茶＝229）、
- 白目（水色＝553）、まぶた（ココアベージュ＝221）、リップ（ピンク＝105）……… 各適量
- 刺繍糸（こげ茶＝3371）…………… 適量

ヘアの作り方

・ボディの作り方はp.38、顔の作り方はp.45をそれぞれ参照

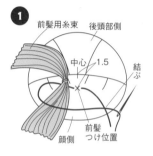

1 8×6cmの段ボールに毛糸を40回巻いて作った前髪用糸束を、つけ位置の左右に通した糸で縫いつける。

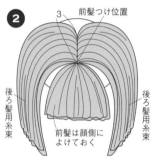

2 15×10cmの段ボールに毛糸を80回巻いて作った後ろ髪用糸束を左右にそれぞれ縫いつける。

3 20×10cmの段ボールに毛糸を70回巻いて両側をカットし、クッション用の糸束を作る。

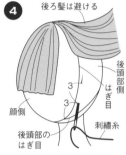

4 針に刺繍糸（2本どり）を通し、頭部サイドの図の位置に針を入れて糸を渡す。

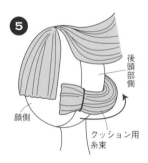

5 クッション用糸束を結びとめる。続けて糸束を後頭部側から反対側の顔サイドへ回し、❹と同様に渡した刺繍糸で結びとめる。

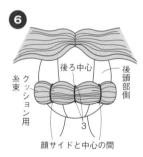

6 後頭部側の後ろ中心と顔サイドの間の3か所に刺繍糸を渡し、糸束を結びとめる。

7 顔サイドの糸束の形が三角形になるようにはさみで切って整え、上から見て糸束の端が斜めになるようにカットする。

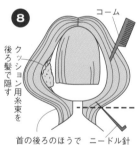

8 後ろ髪をおろして整える。コームで毛の流れを整えながら、裾のあごラインに浅く斜めにニードル針を刺し、毛糸を固める。

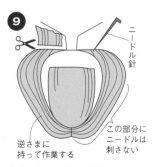

9 あごラインの毛糸が固まったら、毛の余分をカットする。切りそろえたら、ニードル針を深く刺し、頭部に毛糸を固定する。

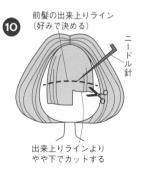

10 前髪の出来上りラインを決める。その上をニードル針で浅く刺して少しずつ固め、束にしたら余分をカットする。

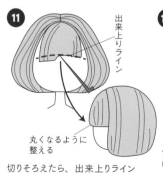

11 切りそろえたら、出来上りラインの頭部に毛糸を刺し込むようにニードル針を深く入れ、毛先を固める。丸くなるように整える。

12 p.45を参照して顔を作る。

(p.8) ✦ 型紙は付録A面

材料

✦ ジャンパースカート
別珍 ………… 17×28cm
コットンバイアステープ
………… 1.2×45cm
ビーズ ……… 直径3mm 2個

✦ シーグリーンタートル
綿スムースニット
………… 20×25cm
面ファスナー …… 0.6×7cm

✦ りんごソックス
綿スムースニット … 16×12cm
刺繍糸 ………… 適量

作り方 ＊縫い代はすべて割る

✦ ジャンパースカート
1 前後身頃の肩をそれぞれ縫い合わせる。
2 衿ぐりをバイアステープでくるむ（p.48参照）。
3 袖ぐりを縫う。
4 脇を縫い合わせる。
5 裾を縫う。
6 ポケットの縁をバイアステープでくるみ、ポケット口を残して身頃に縫いつける。
7 後ろ中心を折り、ステッチで押さえる（p.95参照）。
8 後ろ中心をあき止りまで縫い合わせる。
9 後ろあきにビーズと糸ループを縫いつける（p.95参照）。

✦ シーグリーンタートル
1 前後身頃の肩を縫い合わせる。
2 衿を縫いつける（p.52、Bノースリーブタートル、Point.1図を参照）。
3 袖口を縫う。
4 袖山にギャザーを寄せ身頃に縫いつける（p.47参照）。
5 袖下〜脇を縫い合わせる。
6 裾を縫う。
7 後ろあきを出来上りに折り、面ファスナーをつけて縫う。

✦ りんごソックス
1 はき口を表に三つ折りにする。
2 中表に縫い合わせ、表に返す。
3 りんごをサテン・ステッチする。

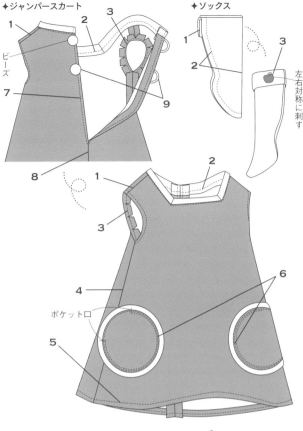

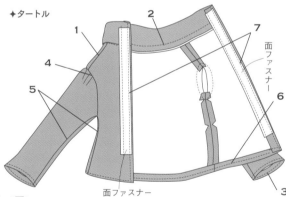

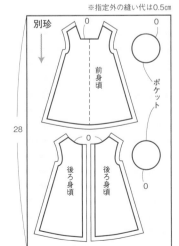

<ジャンパースカートの裁合せ図>

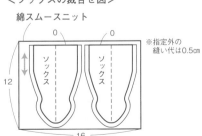

<タートルの裁合せ図>

<ソックスの裁合せ図>

H (p.9) ✦ 型紙は付録A面

材料

- ✦ おんなのこアップリケタートル
- 綿スムースニット ……… 20×25cm
- 面ファスナー ……… 0.6×7cm
- 顔用綿スムースニット ……… 4×5cm
- 刺繍糸(茶) ……… 適宜
- 刺繍リボン ……… 4mm幅10cm
- パールビーズ … 直径2mm 9個
- ✦ ポケットつきプリーツスカート
- 薄手デニム ……… 21×15cm
- 見返し用ナイロンシャー ……… 13×4cm
- スナップ ……… 1組み
- ✦ しましまタイツ
- 綿スムースニット … 20×14cm

作り方 ＊縫い代は指定以外すべて割る

✦ おんなのこアップリケタートル

p.57 ⓒタートルネックと作り方、型紙、裁合せ図共通。仕立てた後に前身頃にモチーフをアップリケする。

アップリケのつけ方
1. 顔を接着剤ではり、目と口をアクリルガッシュなどで描く。
2. 写真を参考に髪(刺繍糸6本どり)を接着剤ではる。
3. ビーズを糸に通し両端を身頃に縫いとめる。
4. リボンを作り接着剤ではる。

✦ ポケットつきプリーツスカート
1. 裾を縫う。
2. ポケットをつける(p.53ⓔプリントワンピース、Point.1図を参照)。
3. プリーツをたたみステッチで押さえる。
4. ヨークとスカートを中表に縫い合わせる。縫い代はウエスト側に倒す。
5. ヨークと見返しを中表に縫い合わせる(Point.1図を参照)。
6. 表に返し、ヨークの上下をステッチで押さえる。
7. 後ろ中心をあき止りまで縫い合わせる。
8. スナップをつける。

✦ しましまタイツ

p.55 Ｆタイツと作り方、型紙、裁合せ図共通。

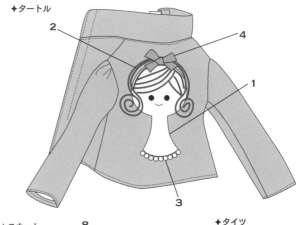
✦タートル

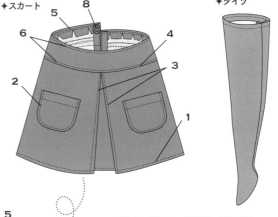
✦スカート ✦タイツ

<Point.1図 ヨーク見返しの縫い方>
縫い終わったら角を落とし縫い代に切込みを入れる

スナップ(凹) スナップ(凸)

H <スカートの裁合せ図>
※縫い代は0.5cm

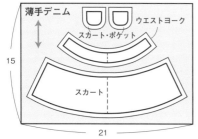
薄手デニム / ウエストヨーク / スカート・ポケット / スカート / 15 / 21

<ラグランタートルの裁合せ図>
※縫い代は0.5cm

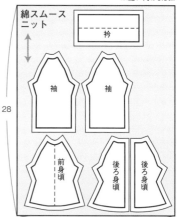
綿スムースニット / 衿 / 袖 / 前身頃 / 後ろ身頃 / 28 / 21

p.59 **I** <ポンチョの裁合せ図>
※縫い代は0.5cm
※裏布用コットンも裁ち方共通

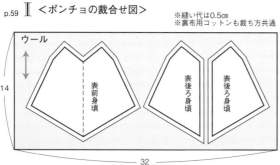
ウール / 表前身頃 / 表後ろ身頃 / 14 / 32

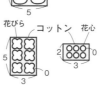
トイクロス / ねこ / 花びら / コットン / 花心

II (p.9) ✦ 裁合せ図はp.58、型紙は付録B面

材料

✦ ねこポンチョ
- ウール ……………… 32×14cm
- 裏布用コットン …… 32×14cm
- ポンポンブレード
  ………………… 1cm幅40cm
- ホック ………………… 1組み

[アップリケ]
- トイクロス …………… 5×6cm
- コットン2色 …………… 適量

- 刺繍糸 ………………… 適量
- ビーズ ……… 直径3mm 16個

✦ レトロブルーラグランタートル
- 綿スムースニット … 21×28cm
- 面ファスナー ……… 0.6×7cm

✦ 赤千鳥パンツ
- プリントコットン …… 32×20cm
- スナップ ……………… 1組み

作り方
*縫い代は指定以外すべて割る

✦ ねこポンチョ
1. 表布、裏布の前後身頃の肩をそれぞれ縫い合わせる。
2. 表布の裾を出来上りに折り、ポンポンブレードを並縫いでつける。
3. 表布と裏布を中表にし、あき止り～衿～あき止りと続けて縫う。
4. 表布どうしを中表にしてあき止り～裾まで縫い合わせる。続けて裏布も同様に。
5. 表に返し裏布を出来上りに折り、裾をまつる。
6. 後ろあきにホックをつける。
7. ねこと花を接着剤ではり、回りをかがる(花の丸はかがらない)。ねこの目と口は刺繍する。バランスを見てビーズを縫いつける。小さなパーツは切る前に裏に接着剤を薄く塗っておくとほつれにくい。

✦ レトロブルーラグランタートル
1. 袖口を縫う。
2. 前後身頃と袖を縫い合わせる。
3. 衿を縫いつける(p.52、Bノースリーブタートル、Point.1図を参照)。
4. 袖下～脇を縫い合わせる。
5. 裾を縫う。
6. 後ろあきを出来上りに折り、面ファスナーをつけて縫う。

✦ 赤千鳥パンツ
1. 前後パンツの脇を縫い合わせる。
2. 裾を縫う。
3. 前中心に切込みを入れ縫い合わせる。
4. ウエストベルトを縫いつける。
5. 後ろ中心をあき止まで縫い合わせる。縫い代は左側に倒す。
6. 股下を左右続けて縫い合わせる。
7. 後ろあきにスナップをつける。

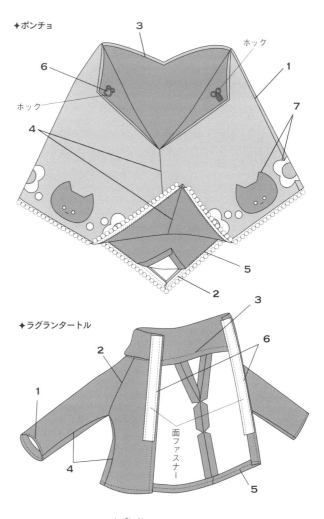

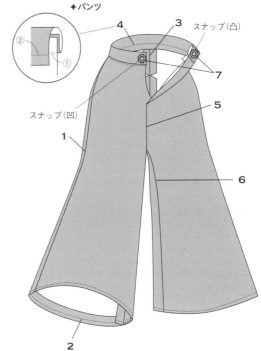

II <パンツの裁合せ図>

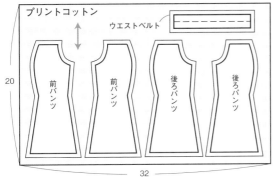

J (p.10)

◆裁合せ図はp.62、型紙は付録A面
タートルとスカートはH、ソックスはGと同じ

材料

◆エプロン
プリントコットン …… 16×20cm
スナップ ………… 2組み
コットンバイアステープ
………… 1×60cm

作り方

◆エプロン
1 回りをぐるりとバイアステープでくるむ（p.48参照）。
2 ポケット口を縫い、ポケット口以外をバイアステープでくるみ、身頃に縫いつける。
3 肩ひもとウエストひもを四つ折りにしてステッチし（Point.1図を参照）、身頃に縫いつける。
4 肩ひもと肩ひもとめ位置にスナップをつける。
5 バイアステープを均等に4つ折りにしてリボンを作り、ポケットに接着剤ではる。

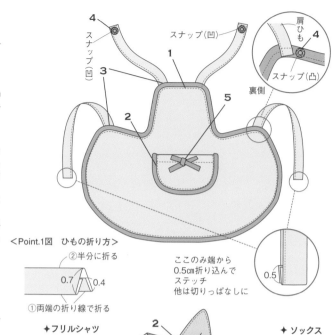

K (p.12)

◆裁合せ図はp.61、型紙は付録A面

材料

◆フリルシャツ
綿ローン ……… 35×20cm
見返し用ナイロンシャー
……… 8×6cm
ビーズ ……… 直径3mm 8個
面ファスナー ……… 1×5cm

◆チェックスカート
プリントコットン …… 25×13cm
スナップ ………… 1組み

◆リボンソックス
綿スムースニット
……… 16×12cm
刺繍リボン ……… 適量

作り方
＊縫い代は指定以外すべて割る

◆フリルシャツ
1 前後身頃の肩を縫い合わせる。
2 衿をつける（p.47参照）。
3 フリルの端を縫い中央に2本ギャザーを寄せて、身頃にしつけする（Point.1図を参照）。
4 前立てを出来上がりに折り、フリル中央に布用接着剤で仮どめし縫いつける（Point.1図を参照）。
5 袖口にギャザーを寄せてカフスをつけステッチで押さえる。
6 袖山にギャザーを寄せ身頃に縫いつける（p.47参照）。しつけをしたほうがやりやすい。
7 袖下～脇を縫い合わせる。
8 前立てをよけて裾を縫う。
9 後ろあきを出来上がりに折り、面ファスナーをつけて縫う。
10 衿の後ろが浮かないように縫いとめる。
11 前立てに、ビーズを縫いつける。

◆チェックスカート
1 前後スカートを縫い合わせる。
2 裾を縫う。
3 ベルトを縫いつける（p.59 I パンツ参照）。
4 後ろ中心をあき止まりまで縫い合わせる。縫い代は左側に倒す。
5 後ろあきにスナップをつける。

◆リボンソックス
p.57 G ソックスと作り方、型紙、裁合せ図共通。3の飾りのリボンは接着剤ではる。

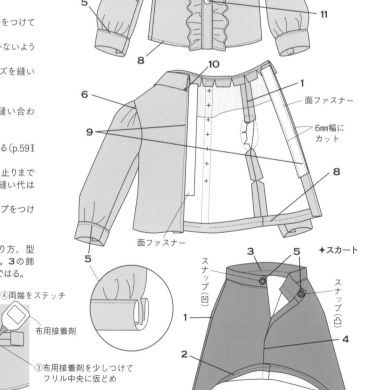

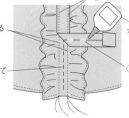

L (p.13) ✦ 型紙は付録A面、衿、衿の見返しはKと共通

材料

✦ 赤い衿のストライプシャツ
プリントコットン ……… 20×10cm
衿用コットン ……… 12×9cm
見返し用ナイロンシャー
……… 8×6cm
面ファスナー ……… 1×5cm

✦ ボタンつきプリーツスカート
オックス ……… 24×11cm
見返し用ナイロンシャー
……… 13×4cm
ボタン ……… 直径6mm 4個
スナップ ……… 1組み

作り方 ※縫い代は指定以外すべて割る

✦ 赤い衿のストライプシャツ
1 前後身頃の肩を縫い合わせる。
2 衿をつける(p.47参照)。
3 袖ぐりを縫う。
4 脇を縫い合わせる。
5 裾を縫う。
6 後ろあきを出来上がりに折り、面ファスナーをつけて縫う。

✦ ボタンつきプリーツスカート
1 裾を縫う。
2 プリーツをたたみステッチで押さえる。
3 ウエスト見返しと中表に縫い合わせ、表に返してステッチで押さえる。
4 後ろ中心をあき止まりまで縫い合わせる。縫い代は左側に倒す。
5 後ろあきにスナップをつける。
6 飾りボタンをつける。

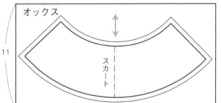
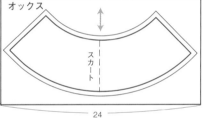
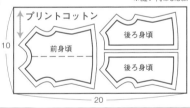
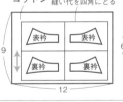

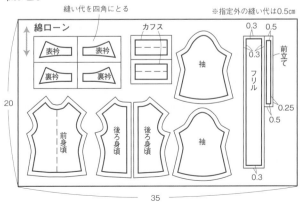
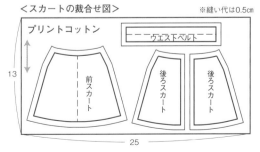

M (p.13) ◆ 型紙は付録A面

材料

◆ セーラーワンピース
- オックス ………… 30×20cm
- プリントコットン …… 11×7cm
- コットンバイアステープ ………… 1.2×25cm
- 面ファスナー ……… 1×5cm

作り方 ＊縫い代は指定以外すべて割る

◆ セーラーワンピース
1. 前後身頃の肩を縫い合わせる。
2. 袖ぐりを縫う。
3. 衿の外回りをバイアステープでくるむ(p.48参照)。
4. 衿を縫いつけ縫い代を内側に折り、身頃と縫い代をステッチで押さえる。
5. 脇を縫い合わせる。
6. 胸当ての上を縫い、並縫いで縫いつける。
7. スカートの裾を縫う。
8. プリーツをたたむ。
9. 身頃とスカートを縫い合わせ、縫い代を身頃側に倒し、ステッチで押さえる。
10. 後ろあきを衿と身頃一緒に出来上りに折り、面ファスナーをつけて縫う。
11. 後ろ中心をあき止まで縫い合わせる。
12. リボンを作り接着剤ではる（Point.1図を参照）。

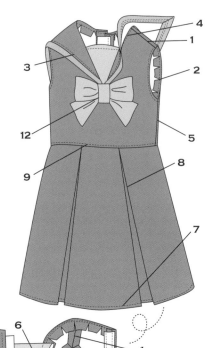

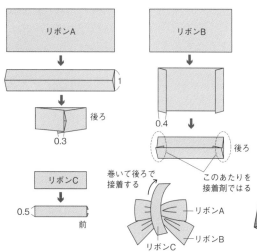

<Point.1図　リボンの作り方>

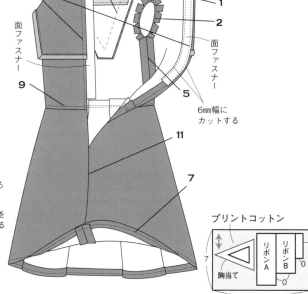

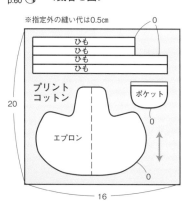

p.60 J ＜裁合せ図＞

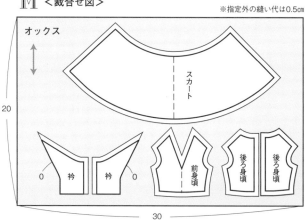

M ＜裁合せ図＞

School (K・S)

スクール p.12〜15

材料

◆ ヘア
- 毛糸（茶＝44）……………………… 1玉
- 刺繍糸（茶＝779）………………… 適量

◆ ボディ
- フェルト（薄オレンジ＝336）……………… 3枚
- 刺繍糸（薄オレンジ＝3856）……………… 1束
- わた ……………………………………… 60g
- 竹ぐし …………………………………… 2本
- 力ボタン ……………………… 直径8mm 2個

◆ 顔
- フェルト瞳（こげ茶＝229）、
- 白目（水色＝553）、まぶた（薄茶＝219）、
- リップ（ピンク＝123）………………… 各適量
- 刺繍糸（こげ茶＝3371）…………………… 適量

ヘアの作り方

・ボディの作り方はp.38、顔の作り方はp.45をそれぞれ参照

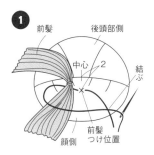

1 8×6cmの段ボールに毛糸を35回巻き、片側の輪を結びもう一方をカットした前髪用糸束を、つけ位置に縫いつける。

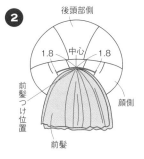

2 前髪を顔側に集め、できた丸みにそって後ろ髪つけ位置を図のように印をつける。

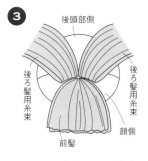

3 18×10cmの段ボールに毛糸を86回巻き、片側の輪をカットした後ろ髪用糸束2つを❷の印の左右にそれぞれ縫いつける。

4 6×6cmの段ボールに毛糸を35回巻いたクッション用糸束を1つ作る。

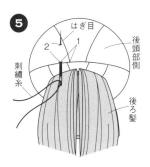

5 後ろ髪を顔側によける。針に刺繍糸（2本どり）を通して、後頭部の図の位置に針を入れて糸を渡す。

6 クッション用糸束の輪に刺繍糸を通して結び、後頭部に固定する。糸束の反対側の輪も刺繍糸で同様に固定する。

7 後ろ髪を下ろしてクッション用糸束をおおい、首の後ろで結ぶ。結び目のやや上にニードル針を浅く刺し、毛糸を固める。

8 毛糸が固まったら、余分をカットする。切りそろえたら、ニードル針を深く刺して毛糸を固め、自然な丸みに整える。

9 前髪は、p.56❿からのハンドメイドの前髪の整え方と同様にして整える。

10 ツインテール用糸束を2つ作る。10×10cmの段ボールに毛糸を30回巻いて片側の輪を糸で結び、もう一方の輪はカットする。

11 ツインテール用糸束を頭部サイドの好みの位置に縫いとめる。糸束の毛先を斜めにカットし、水のりをつけて固める。

12 p.45を参照して顔を作る。

N (p.14) ◆型紙は付録A面

材料

◆こんぺいとうワンピース
スカーフのような生地
・・・・・・・・・・ 24×16cm

レース ・・・・・・・・・・ 1cm幅 30cm
スナップ ・・・・・・・・・・ 1組み

作り方 ＊縫い代はすべて割る

◆こんぺいとうワンピース
1 身頃の脇～背中のあきを折り、ステッチで押さえる。
2 裾を縫う。
3 衿を縫いつける（p.51、Aワンピース、Point.3図を参照）。
4 後ろ中心を縫い合わせる。
5 衿にスナップをつける。
6 裾にレースを並縫いでつける。

F2 (p.23) ◆型紙はNと同じ

材料

◆サーカスワンピース
スカーフのような生地
・・・・・・・・・・ 24×16cm

オーガンディフリル
・・・・・・・・・・ 2cm幅 30cm
スナップ ・・・・・・・・・・ 1組み

作り方

◆サーカスワンピース
Nと同じ

Q (p.14) ◆型紙は付録A面

材料

◆チロルワンピース
プリントコットン ・・・・・ 25×14cm
チロルテープ ・・・ 2.5cm幅 12cm

レース ・・・・・・・・・・ 5mm幅 40cm
面ファスナー ・・・・・・・ 1×2.5cm
刺繍リボン ・・・・・・・・・・ 適量

作り方 ＊縫い代はすべて割る

◆チロルワンピース
1 前後身頃の肩を縫い合わせる。
2 袖ぐりを縫う。
3 衿ぐりを縫う。
4 チロルテープの上を5mm折って縫う。
5 前身頃とチロルテープを縫い合わせる（Point.1図を参照）。
6 脇を縫い合わせる。
7 裾を縫う。
8 後ろあきを出来上りに折り、面ファスナーをつけて縫う。
9 後ろ中心をあき止まで縫い合わせる。
10 衿ぐりと裾にレースを並縫いでつける。
11 リボンを作りチロルテープに接着剤ではる。

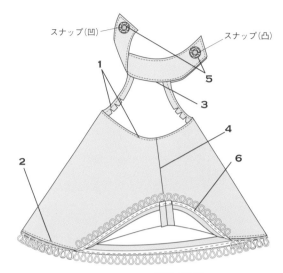

N・F2 <裁合せ図>

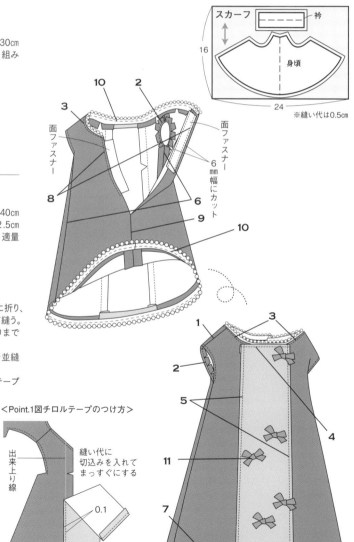

<Point.1図チロルテープのつけ方>

出来上り線上にチロルテープの端から0.1cm内側がくるように乗せ、縫い合わせる
反対側も同じ

Q <裁合せ図>

(p.14) ◆型紙は付録A面

材料

◆レッスンワンピース
プリントツイル …… 15×35cm
コットンバイアステープ
…………………… 1.5×40cm
面ファスナー ……… 1×4cm
◆シアンブルーカーディガン
薄手ニット ……… 35×15cm

見返し用ナイロンシャー
…………………… 20×8cm
ビーズ ……… 直径4mm 6個
◆レッスンバッグ
プリントツイル …… 6×13cm
持ち手用コットン … 3×8cm
アップリケ用コットン …… 適宜

作り方 ＊縫い代は指定以外すべて割る

◆レッスンワンピース
1 前後身頃の肩を縫い合わせる。
2 袖ぐりを縫う。
3 衿をバイアステープでくるむ(p.48参照)。
4 脇を縫い合わせる。
5 裾を縫う。
6 ポケット口を縫い、ポケット口以外をバイアステープでくるみ、身頃に縫いつける。
7 後ろあきを出来上りに折り、面ファスナーをつけて縫う。
8 後ろ中心をあき止りまで縫い合わせる。

◆シアンブルーカーディガン
1 前後身頃の肩を縫い合わせる。
2 身頃と見返しを中表に合わせ前あき～衿～前あきをぐるりと縫う。表に返しアイロンで整える。
3 袖口に、カフスを縫いつける。

4 袖を身頃に縫いつける(ミシンより手で本返し縫いがやりやすい)。
5 袖下～脇を縫い合わせる。
6 裾布を中表で半分に折り両端を縫い表に返しアイロンで整える。
7 裾布を伸ばしながら縫いつけ、縫い代を身頃側に倒す。見返しの裾の縫い代を内側に折り、図のようにまつる。
8 ビーズをつける。

◆レッスンバッグ
1 持ち手を三つ折りにしてステッチで押さえる。
2 入れ口を出来上りに折って持ち手を布用接着剤で仮どめし、一緒にステッチで押さえる。
3 その上に持ち手のみもう一度ステッチで押さえる。
4 両端を縫う。
5 りんごと葉を、接着剤ではる。

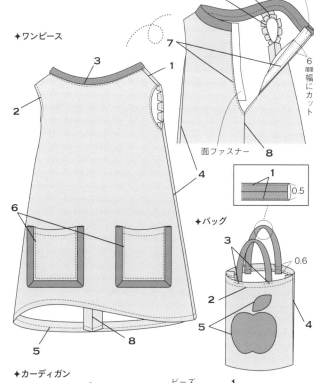

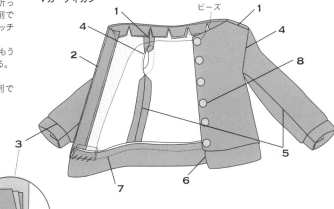

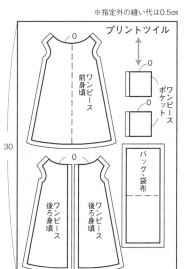

＜ワンピースとバッグの裁合せ図＞

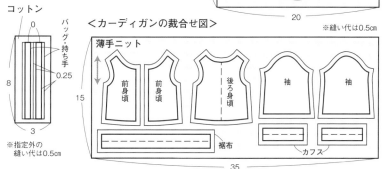

＜カーディガンの裁合せ図＞

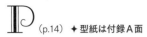 (p.14) ✦ 型紙は付録A面

材料

✦レトロイエローコート
フラノ ………… 28×24cm
コットンバイアステープ
………… 2×80cm

アップリケ用トイクロス
(好みの2色) ………… 適量
スナップ ………… 2組み

作り方 ※縫い代はすべて割る

✦レトロイエローコート
1 前後身頃の肩を縫い合わせる。
2 袖口をバイアスでくるむ(p.48参照)。
3 袖山にギャザーを寄せ、袖を身頃に縫いつける(p.47参照)。
4 袖下〜脇を縫い合わせる。
5 前あき〜裾〜前あきをバイアステープでぐるりとくるむ(p.48参照)。
6 衿をバイアステープでくるむ(P.48参照)。
7 バイアステープでリボンを作り接着剤ではる(Point.1図を参照)。
8 花と葉を接着剤ではる。
9 前あきにスナップをつける。

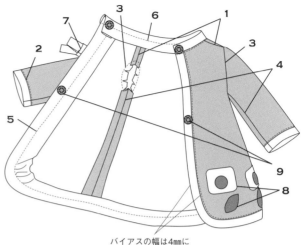

バイアスの幅は4mmに

<Point.1図　リボンの作り方>

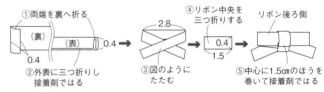

 <裁合せ図>

※指定外の縫い代は0.5cm

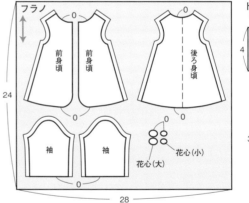

p.76 E2
<裁合せ図>
プリントコットン
※縫い代は0.5cm

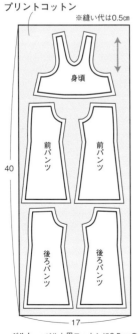

ベルト…ベルト用コットンに0.5cmの
縫い代をつけて裁つ

R (p.15) ◆ 型紙は付録B面

材料

◆ 刺繡入りラグランタートル
綿スムースニット ……… 21×28cm
刺繡糸（好みの3色）…… 適量
面ファスナー ……… 0.6×7cm

◆ プリーツスカート
ツイル ……… 35×10cm
スナップ ……… 1組み

◆ スクール帽子
ツイル ……… 45×10cm
裏布用コットン ……… 45×10cm

作り方　＊縫い代はすべて割る

◆ 刺繡入りラグランタートル
p.59 I ラグランタートルと作り方、型紙、裁合せ図共通。仕立てた後に前身頃に刺繡モチーフをはる。

刺繡モチーフの作り方
1. 薄手の綿に花、茎、葉をサテン・ステッチする。
2. 生地の裏に接着剤を薄く塗り、乾いたら形にそって丁寧に切り抜く。
3. 服に接着剤ではりつけ、フレンチノット・ステッチを3つ刺す。

◆ プリーツスカート
1. 裾を縫う。
2. プリーツをたたむ。
3. ベルトを縫いつけ上下にステッチする。
4. 後ろ中心をあき止まで縫い合わせる。
5. 後ろあきにスナップをつける。

◆ スクール帽子
1. 表地、裏地とも6枚のクラウンをはぎ合わせる。
2. 表裏クラウンを中表にし、クラウン1枚分を返し口に残して周囲を縫い合わせる。
3. 表に返し、返し口をコの字とじする。
4. チョボは三つ折りして接着剤でとめ、半分に折って接着剤でトップにはる（Point.1図を参照）。

◆ ラグランタートル

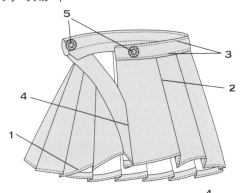

◆ プリーツスカート

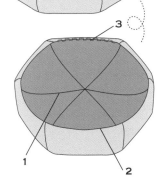

◆ 帽子

R ＜プリーツスカートと帽子表布の裁合せ図＞

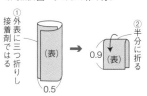

＜Point.1図　チョボの作り方＞

S (p.15) ◆型紙は付録B面

材料

◆オフホワイトの ラグランタートル
綿スムースニット ‥‥ 21×28cm
面ファスナー ‥‥‥ 0.6×7cm

◆オーバーオールスカート
ツイル ‥‥‥‥‥‥ 45×10cm

ホットフィット ‥‥ 直径4mm 2個
　　　　　　　　　 直径2mm 4個
スナップ ‥‥‥‥‥ 3組み

◆スクール帽子
ツイル ‥‥‥‥‥‥ 45×10cm
裏布用コットン ‥‥ 45×10cm

作り方　*縫い代は指定以外すべて割る

◆オフホワイトの ラグランタートル
p.59 I ラグランタートルと作り方、型紙、裁合せ図共通。

◆オーバーオールスカート
1　胸当てを出来上りに折り、ステッチする。
2　ポケットを作り縫いつける（Point.1図を参照）。
3　胸当てとベルトを縫い合わせる。
4　左右の前スカートを縫い合わせ、縫い代を左側に倒し、表からステッチを2本入れる。
5　ポケット口を出来上りに折り、向う布と合わせてステッチする。
6　前後スカートを縫い合わせる。
7　裾を縫う。
8　スカートとベルトを縫い合わせる。
9　ベルトと縫い合わせた縫い代はすべてベルト側に倒し上下をステッチで押さえる。
10　ポケット口にホットフィットをつける。
11　後ろ中心をあき止まで縫い合わせる。縫い代を左側に倒す。
12　肩ひもの両端を折ってステッチする。
13　胸当てに縫いとめその上にホットフィットをつける。
14　肩ひもと肩ひもとめ位置、後ろあきにスナップをつける。

◆スクール帽子
p.67 R 帽子と作り方、型紙、共通。帽子裏布の裁合せ図はp.67を参照。

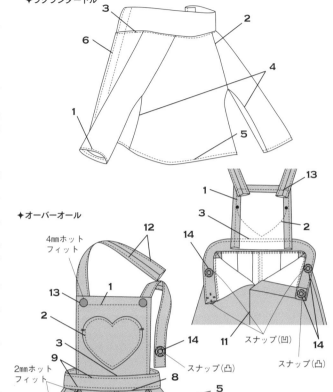

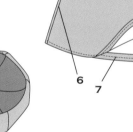

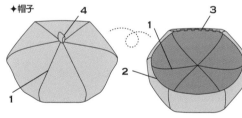

S ＜オーバーオールスカートと帽子表布の裁合せ図＞

※指定外の縫い代は0.5cm

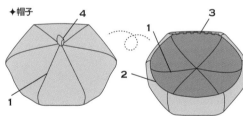

Formal（ T▶Z ）

フォーマル p.16〜18

材料

◆ ヘア
毛糸（キャメル＝4）……… 1玉
刺繍糸（キャメル＝3862）
……………………………… 適量

◆ ボディ
フェルト（薄オレンジ＝301）… 3枚
刺繍糸（薄オレンジ＝948）… 1束
わた ……………………… 60g
竹ぐし …………………… 2本
力ボタン ………………… 8mm 2個

◆ 顔
フェルト瞳（紺＝559）、白目（水色＝552）、
まぶた（薄茶＝219）、リップ（ピンク＝105）
…………………………… 各適量
刺繍糸（紺＝823）……… 適量

◆ その他
丸かん ……… 直径3mm 2個

ヘアの作り方

・ボディの作り方はp.38、顔の作り方はp.45をそれぞれ参照

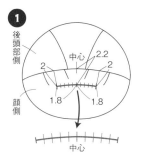

1 後ろ髪つけ位置を図のように印をつける。続けて印を中心から左右に5等分する。

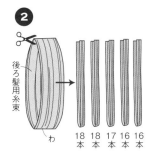

2 18×10cmの段ボールに毛糸を85回巻き、片側の輪をカットした後ろ髪用糸束を2つ作り、それぞれを5つの束に分ける。

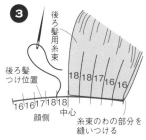

3 つけ位置に右端の16本の束から中心に向かって順番に後ろ髪用糸束を本返し縫いで縫いつける。中心から左側は左右対称で同様にする。

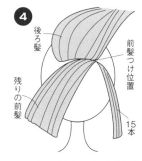

4 15×6cmの段ボールに毛糸を35回巻いた前髪用糸束を作る。後ろ髪の右端下側に縫いつけ、図のように15本のみ右側に分ける（縫いつけ方はp.56❶参照）。

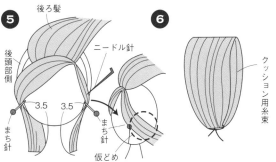

5 頭部サイドにまち針をとめ、前髪をサイドに流す。続けて後頭部に流した左右の前髪を、ニードル針で浅く刺して仮どめする。

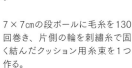

6 7×7cmの段ボールに毛糸を130回巻き、片側の輪を刺繍糸で固く結んだクッション用糸束を1つ作る。

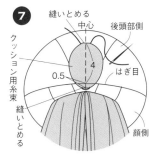

7 クッション用糸束の結び目を頭部のはぎ目より0.5cm顔側に縫いとめる。糸束の輪に刺繍糸を通し、後頭部側に縫いとめる。

8 後ろ髪をトップと左右のサイドの3つに分け、コームで整えながらクッション用糸束を隠すようにトップを後頭部側に流す。

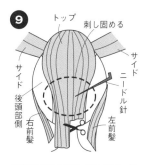

9 後頭部側を正面に持ち直す。後頭部中央よりやや下側にニードル針で毛糸を刺し固め、余分をカットする。

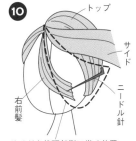

10 後頭部へ巻くサイドの内側に右前髪の端が隠れる位置でカットし、ニードル針で刺し固める。左前髪も同様にする。

11 右サイドの髪を後頭部側に巻き、ニードル針で刺し固め、余分をカットする。左サイドも同様にして自然な丸みに仕上げる。

12 p.45を参照して顔を作る。

T (p.16) ✦ 型紙は付録A面

材料

✦ **ペールグリーンのコート**
- ウール …………… 32×28cm
- 裏布用綿ローン … 32×28cm
- スプリングホック(オス) … 1個
- ボタン ……… 直径12mm 1個

✦ **真珠色のサテンワンピース**
- サテン …………… 22×14cm
- 見返し用ナイロンシャー
  …………………… 8×6cm
- 面ファスナー ……… 1×3.5cm

✦ **真珠のピアス**
- パールビーズ
  …………… 直径4mm 2個
- Tピン …………………… 2本

✦ **真珠のネックレス**
- パールビーズ
  …………… 直径4mm 15個
- 丸かん ……… 直径4mm 1個
- かにかん …… 10×5mm 1個

作り方　＊縫い代はすべて割る

✦ **ペールグリーンのコート**
1. 表布、裏布の前後身頃と袖をそれぞれ縫い合わせる。
2. 衿の表布、裏布を中表に縫い合わせ、表に返しアイロンで整える。
3. 衿を表身頃に仮縫いしてから縫いつける。
4. 表布と裏布を中表にし袖口を縫い合わせる。
5. 表布の脇〜袖下〜裏布の袖下〜脇と続けて縫う(p.55Fファーコート、Point.1図を参照)。
6. 表布と裏布を中表に合わせ、衿ぐりに返し口を残し衿ぐり〜前あき〜裾〜前あき〜衿ぐりとぐるりと縫い合わせる。
7. 表に返し、アイロンで整えて返し口をまつる。
8. 前あきにホックと糸ループをつける。
9. 飾りボタンをつける。

✦ **真珠色のサテンワンピース**
1. 前後身頃の肩を縫い合わせる。
2. 見返しをつけて衿ぐりを縫う(p.46を参照)。
3. 袖ぐりを縫う。
4. 脇を縫い合わせる。
5. 裾を縫う。
6. 縫い代に切込みを入れ後ろあきを出来上がりに折り、面ファスナーをつけて縫う。
7. 後ろ中心をあき止まりまで縫い合わせる。

✦ **真珠のピアス**
Point.1図を参照。

✦ **真珠のネックレス**
Point.2図を参照。

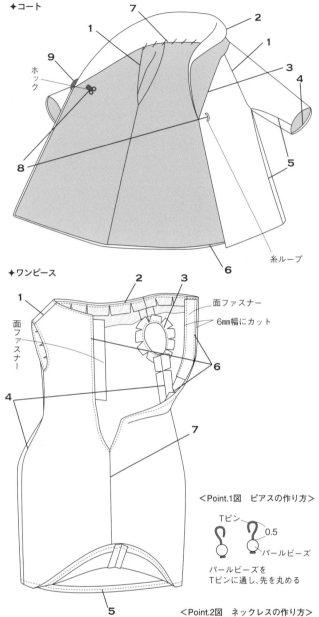

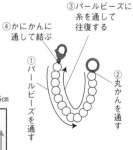

T <コートの裁合せ図>
※縫い代は0.5cm
※裏布用綿ローンも同様に裁つ

T・U <ワンピースの裁合せ図>
Tサテン／Uウール　※縫い代は0.5cm

U (p.17) ◆ 型紙は付録B面

材料

◆ キラキラピンクのワンピース
ウール ……… 22×14cm
見返し用ナイロンシャー
　……… 8×6cm
面ファスナー …… 1×3.5cm

◆ イエロービーズピアス
ビーズ ……… 直径4mm 2個
Tピン ……………… 2本

◆ イエロービーズネックレス
ビーズ ……… 直径3mm 85個
丸かん ……… 直径4mm 1個
かにかん …… 10×5mm 1個

作り方　＊縫い代はすべて割る

◆ キラキラピンクのワンピース
p.70 Tワンピースと型紙、作り方、裁合せ図共通。

◆ イエロービーズピアス
Point.1図を参照。

◆ イエロービーズネックレス
Point.2図を参照。

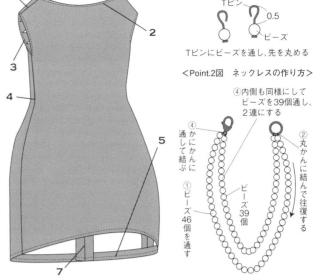

<Point.1図　ピアスの作り方>
Tピンにビーズを通し、先を丸める

<Point.2図　ネックレスの作り方>
④内側も同様にしてビーズを39個通し、2連にする
②丸かんに結んで往復する
①ビーズ46個を通す
③かにかんに通して結ぶ
ビーズ39個

V (p.17) ◆ 型紙は付録B面

材料

◆ 青い千鳥のワンピース
ウール ……… 15×28cm
見返し用ナイロンシャー
　……… 8×6cm
面ファスナー …… 1×3.5cm
ビニール …… 0.5×11cm
人形用バックル …… 1個

◆ フリンジマフラー
ウール ……… 4×24cm
裏布用ナイロンシャー
　……… 4×24cm
刺繍糸 ……………… 適量

◆ クラッチバッグ
ビニール ……… 5×7cm
ビーズ ……… 直径3mm 1個

作り方　＊縫い代はすべて割る

◆ 青い千鳥のワンピース
p.70 Tワンピースと作り方共通。7の後、バックルを通したベルトをウエストの後ろあき付近に接着剤ではる。

◆ フリンジマフラー
1　返し口を残し表布、裏布を中表に縫い合わせる。
2　表に返し、返し口をまつる。
3　フリンジをつける。（Point.1図を参照）

◆ クラッチバッグ
p.55 Fバッグと作り方、共通。3のチェーンはつけない。

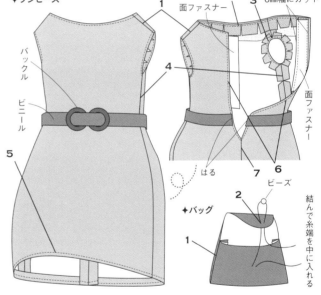

◆ワンピース
面ファスナー
6mm幅にカット
バックル
ビニール
はる
ビーズ

◆バッグ
結んで糸端を中に入れる

V <ワンピースとマフラーの裁合せ図>

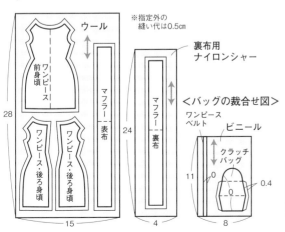

ウール
※指定外の縫い代は0.5cm
ワンピース前身頃
マフラー表布
ワンピース後ろ身頃
ワンピース後ろ身頃
28
15

裏布用ナイロンシャー
マフラー裏布
24
4

<バッグの裁合せ図>
ワンピースベルト
ビニール
クラッチバッグ
11
8
0.4

◆マフラー

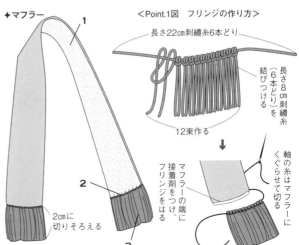

<Point.1図　フリンジの作り方>
長さ22cm刺繍糸6本どり
長さ8cm刺繍糸（6本どり）を結びつける
12束作る
マフラーの端に接着剤をつけ、フリンジをはる
軸の糸はマフラーにくぐらせて切る
2cmに切りそろえる

(p.17) ✦ 型紙は付録B面

材料

✦ 緑の別珍ジャケット
- 別珍 ……………… 30×20cm
- 見返し用ナイロンシャー
  ……………………… 8×6cm
- つつみボタン用芯（厚紙）
  ……………… 直径8mm 3個
- スナップ ……………… 2組み

✦ 緑の別珍スカート
- 別珍 ……………… 20×10cm
- ウエスト見返し用
  ナイロンシャー …… 13×4cm
- スナップ ……………… 1組み

✦ おしゃれめがね
- ボール紙 …… 1mm厚さ8×3cm
- アクリルガッシュ ……… 適宜
- スプレートップコート …… 適宜

作り方 *縫い代はすべて割る

✦ 緑の別珍ジャケット
1. 前後身頃の肩を縫い合わせる。
2. 見返しをつけて衿ぐりを縫う（p.46を参照）。
3. 袖口を縫う。
4. 袖山にギャザーを寄せ、身頃に縫いつける（p.47参照）。
5. 袖下～脇を縫い合わせる。
6. 前あきと裾を出来上がりに折り、続けてぐるりとステッチする。
7. スナップと飾りボタンをつける（Point.1図を参照）。

✦ 緑の別珍スカート
1. 前後スカートの脇を縫い合わせる。
2. 裾を縫う。
3. スカートとウエスト見返しを中表に縫い合わせ、表に返してステッチで押さえる。
4. 後ろ中心をあき止まりまで縫い合わせる。
5. 後ろあきにスナップをつける。

✦ おしゃれめがね
1. ボール紙をカッターで丁寧に切り抜き、エッジを紙やすりでなめらかにする。
2. アクリルガッシュなどで色を塗る。仕上げにスプレーのトップコートを吹いておくと丈夫になる。

*ドールにつけるときは中央を強めの両面テープではる。

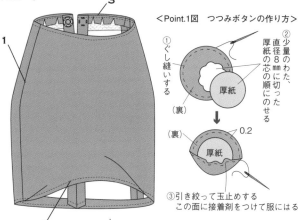

W ＜ジャケットとスカートの裁合わせ図＞

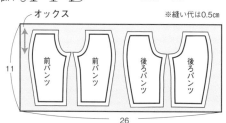

X (p.18) ◆ 裁合せ図はp.72、型紙は付録B面

材料

◆ セーター
- ニット ……… 25×22cm
- ビーズ ……… 直径4mm 3個

◆ ハーフパンツ
- オックス ……… 26×11cm
- スナップ ……… 1組み

◆ ネックレス
- りんごモチーフ ……… 1個
- かんつきプレート ……… 1個
- チェーン ……… 14cm
- かにかん ……… 10×5mm 1個
- 丸かん ……… 直径4mm 2個
- 　　　　　　直径3mm 1個

作り方 *縫い代は指定以外すべて割る

◆ セーター
1〜5までp.59 I ラグランタートルと作り方共通。
6 後ろあきを折り、ステッチする(p.95参照)。
7 後ろ中心をあき止りまで縫い合わせる。
8 後ろあきにビーズと糸ループを縫いつける(p.95参照)。

◆ ハーフパンツ
p.52 B パンツと作り方共通。4のベルトと8のリボンはつけない。

◆ ネックレス
Point.1図を参照。

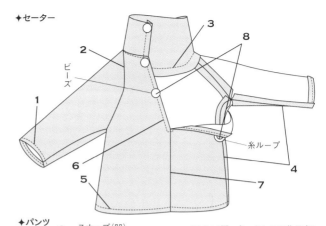

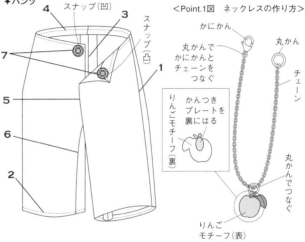

Y・Z (p.18) ◆ 型紙は付録B面

材料

◆ カットソー
- ポリエステルスムース(Y)
- プリントコットン(Z)
- ……… 21×11cm
- 見返し用ナイロンシャー
- ……… 8×6cm
- 面ファスナー ……… 1×6cm

◆ パンツ
- デニム風コットン(Y)
- オックス(Z) ……… 26×11cm
- スナップ ……… 1組み

◆ スカーフ
- コットンシフォン …… 14×14cm

作り方 *縫い代はすべて割る

◆ カットソー
1 前後身頃の肩をそれぞれ縫い合わせる。
2 見返しをつけて衿ぐりを縫う(p.46参照)。
3 袖ぐりを縫う。
4 脇を縫い合わせる。
5 裾を縫う。
6 後ろあきを出来上りに折り、面ファスナーをつけて縫う。

◆ パンツ
型紙と作り方、裁合せ図はページ上Xパンツと共通。

◆ スカーフ
1 出来上りに折り、ステッチで押さえる。

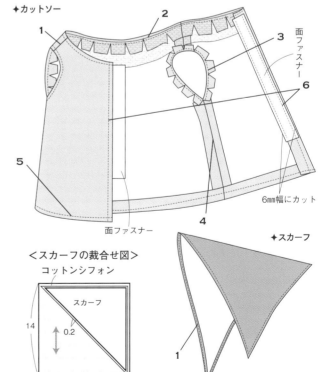

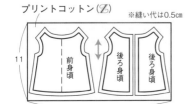

73

Shoes

シューズ p.19

✦型紙は付録B面　右足分と左足分、対称に型紙を写し同時に作り進める。

1 ロングブーツ

材料 〈スカラップタイプ〉サニーレザー…白10×10cm、グリーンまたは黄10×20cm／中敷き用コットン…4×4cm／ホットフィット…3mm 14個／ボール紙…約0.5mm厚さ、約1mm厚さ、各4×4cm／ケント紙…3×5cm　〈ベルトタイプ〉サニーレザー…11×25cm／中敷き用コットン4×4cm／バックル…6×5mm 2個／ボール紙、ケント紙はスカラップタイプと共通

❶ パーツを縫い合わせる

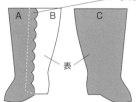
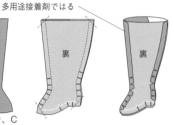

ブーツAをBの上に重ねてはり、Cと中表に合わせて前中心と後ろ中心を縫い合わせる。ベルトタイプはCどうしを中表にして縫い合わせる。

縫い代に数か所切込みを入れ角を落とす。

縫い代を割り接着剤ではる。

❷ 中敷きを作る

0.5mm厚さのボール紙を切り抜き、折り線を針で強めになぞる。

図のように折り上面に木工用接着剤をつけ均一にのばす。

中敷き用コットンをはり、乾いたら形にそって切り抜く。

縁に木工用接着剤を多めにつける

1mm厚さのボール紙を切り抜き❷と同じ手順で図のように折り、ヒールをかかとに接着剤ではる。

アクリルガッシュなどで好きな色に塗る。

ホットフィットの凸面に多用途接着剤をつけて生地の裏にはり、乾いたら形にそって切ると作りやすい。

❸ 靴底を作る

つまようじを使って自然な丸みにカールさせる

ヒールをケント紙で作る。図のように折り、■の部分に木工用接着剤をつけてはる。

❹ 中敷き・靴底を接着する

❷の中敷きを底にはめ、■のあたりに瞬間接着剤をつけて縫い代とはり合わせる。

❶のパーツを表に返しつま先をぐし縫いする。

糸を引いてつま先の丸みを作る。少しゆとりをもたせて引く。

つま先を靴底にはる。しわを隠すように丁寧に。乾いたら残りの部分もはる。

飾りボタンをはりつけて完成。

ベルトタイプはバックルを通したベルトを後ろではる。

最後に靴底部分にニスやトップコートを塗ると丈夫できれいな仕上りに！

2 ストラップシューズ

材料 ネオファンタ…6×11cm／中敷き用コットン4×4cm／ボール紙、ケント紙はブーツと共通

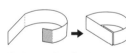

❶ かかとを細かく本返し縫いする。角を落とし、縫い代に切込みを入れる。

❷ 縫い代を割り多用途接着剤ではる。

❸ 表に返しつま先をぐし縫いしておく。

❹ ブーツの❷、❸、❹と同じ手順で靴底をはるところまで進める。❸のヒールの形状は違うので図のように。

❺ ストラップを多用途接着剤ではって完成。

3 パンプス

材料 サニーレザーまたはエナメル…5×11cm／中敷き用コットン4×4cm／ボール紙、ケント紙はブーツと共通

作り方 型紙は別だが作り方はストラップシューズと同じ。ヒールはブーツの❸靴底を使う。ストラップはつけない。

4 編上げシューズ

材料 エナメル…5×11cm／中敷き用コットン4×4cm／サテンリボン…2mm幅1m／ボール紙、ケント紙はブーツと共通

作り方 ❸のパンプスのかかとに、47cmに切ったサテンリボンを半分に折り、真ん中を縫いとめる。

縫いとめる

5 ローヒールパンプス

材料 エナメルまたはネオファンタ…6×11cm／中敷き用コットン…4×4cm／飾りパーツ…各項目参照／ボール紙、ケント紙はブーツと共通

作り方 型紙、作り方は❷のストラップシューズと同じ。最後のストラップをつけずそれぞれの飾りを作り多用途接着剤ではる。

〔リボン〕

中央を糸で巻く。

〔バックル〕

8×8mm

ちょうどよいサイズにエナメルをカットしバックルに通す。■部分を多用途接着剤ではりカットする。

〔サークル〕

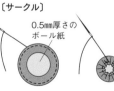

0.5mm厚さのボール紙

丸く切った生地の周囲をぐし縫いする。中央に芯を置き、糸をぎゅっと引いて玉止めする。

Active (A2・F2)

アクティブ p.20〜23

材料

◆ ヘア
毛糸（赤茶＝8）‥‥‥‥ 1玉
刺繍糸（赤茶＝920）
‥‥‥‥‥‥‥‥‥ 適量

◆ ボディ
フェルト（ココアベージュ＝221）‥‥ 3枚
刺繍糸（ココアベージュ＝407）‥‥ 1束
わた‥‥‥‥‥‥‥‥‥‥‥‥‥ 60g
竹ぐし‥‥‥‥‥‥‥‥‥‥‥‥ 2本
力ボタン‥‥‥‥‥‥‥‥‥ 8mm 2個

◆ 顔
フェルト瞳（こげ茶＝229）、
白目（水色＝553）、まぶた（黄＝383）、
リップ（ホットピンク＝125）‥‥‥‥ 各適量
刺繍糸（こげ茶＝3371）‥‥‥‥‥ 適量

◆ その他
丸かん‥‥‥‥ 直径3mm 2個

ヘアの作り方

・ボディの作り方はp.38、顔の作り方はp.45をそれぞれ参照

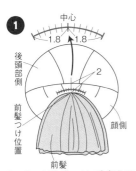

①　8×6cmの段ボールに毛糸を35回巻いて作った前髪用糸束を縫いつけ(p.56①参照)、中心から左右に6等分した後ろ髪つけ位置を図のように印をつける。

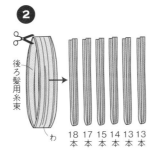

②　18×10cmの段ボールに毛糸を90回巻き、片側の輪をカットした後ろ髪用糸束を2つ作り、それぞれを6つの束に分ける。

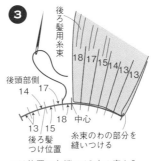

③　つけ位置に右端の13本の束から中心に向かって後ろ髪用糸束を本返し縫いで縫いつける。中心から左側は左右対称で同様に縫いつける。

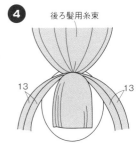

④　③の両端の13本の2束（2目盛り分）を取り分け、カール用の糸束にする。

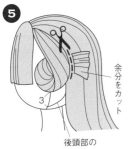

⑤　後頭部のはぎ目から3cm上で糸束を外側にねじりながらカールさせ、カールからはみ出た糸端をカットする。

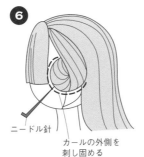

⑥　カールの外側部分をニードル針で頭部まで深く刺して固定する。反対側の糸束も同じ要領で左右対称のカールを作る。

⑦　後ろ髪の出来上がりラインを決める。その上を軽くニードル針で固めてカットし、自然なカーブに整えながら頭に深く刺して固定する。

⑧　前髪を整える。ニードル針で軽く束にした後、図のように右側に少し糸を残し、その他をコームで内側に折り上げる。

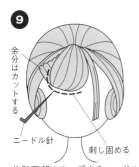

⑨　前髪下部のカーブ上をニードル針で頭部まで深く刺して形を固める。外に出た余分はカットし、糸端は前髪の内側に入れる。

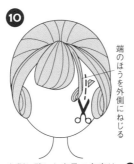

⑩　右側に残した少量の糸束は、⑤〜⑥と同じ要領で外側に向かってねじり、余分をカットする。

⑪　ニードル針でカールの形を整えた後、頭部まで深く刺して位置を固定する。

⑫　p.45を参照して顔を作る。

A2 (p.20) ◆型紙は付録B面

材料

◆タンクトップ
綿スムースニット ……… 18×9cm
見返し用ナイロンシャー
……………………… 8×6cm
コットン（好みの3種）…適量
面ファスナー ……… 0.6×6cm

◆ショートパンツ
オックス ……………… 28×11cm
ベルト用コットン …… 13×2cm
人形用バックル ………… 1個
スナップ ………………… 1組み

作り方 ＊縫い代は指定以外すべて割る

◆タンクトップ
p.73 Y・Zカットソーと作り方、裁合せ図共通。1の前にアップリケのパーツを出来上りに折り、身頃に接着剤で仮どめして縫いつける。

◆ショートパンツ
1 前中心を縫い合わせ、縫い代を左パンツ側に倒し、表からステッチを入れる。
2 ポケット口を出来上りに折り、向う布と合わせてステッチする。
3 前後パンツの脇を縫い合わせる。
4 裾を縫う。
5 ウエストベルトを縫いつける（p.59 Ⅰパンツ参照）。
6 後ろ中心をあき止りまで縫い合わせる。縫い代は左側へ倒す。
7 股下を左右続けて縫い合わせる。
8 後ろあきにスナップをつける。
9 ベルトを出来上りに折りステッチで押さえる。
10 バックルを通しベルトループを接着剤ではる（Point.1図を参照）。
11 両端とベルトループに接着剤をつけウエストベルトにはる。

A2 ＜ショートパンツの裁合せ図＞ ※指定外の縫い代は0.5cm

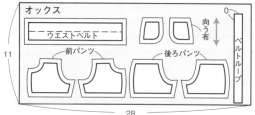

ベルト…ベルト用コットンに0.5cmの縫い代をつけて裁つ

E2 (p.23) ◆裁合せ図はp.66、型紙は付録B面

材料

◆ジャンプスーツ
プリントコットン …… 17×40cm
裏布用ナイロンシャー
…………………… 13×10cm
ベルト用コットン …… 13×3cm
ビーズ ………… 直径3mm 3個

スナップ ………………… 1組み
バックル ………………… 1個

◆ピアス
ビーズ ………… 直径8mm 2個
Tピン …………………… 2本

作り方 ＊縫い代はすべて割る

◆ジャンプスーツ
1 前後パンツの脇を縫い合わせる。
2 裾を縫う。
3 前中心を縫い合わせる。
4 裾を残して身頃と見返しを中表にぐるりと縫い合わせ、表に返してアイロンで整える。
5 パンツと身頃を縫い合わせ、縫い代を割り両方をステッチで押さえる。
6 パンツの後ろ中心をあき止りまで縫い合わせる。
7 股下を左右続けて縫い合わせる。
8 身頃の後ろあきにビーズと糸ループを縫いつける（p.95参照）。
9 衿にスナップをつける。
10 ベルトを作りバックルを通して、後ろあき付近に接着剤ではる（Point.1図を参照）。

◆ピアス
p.70 T 真珠のピアスと作り方同じ。

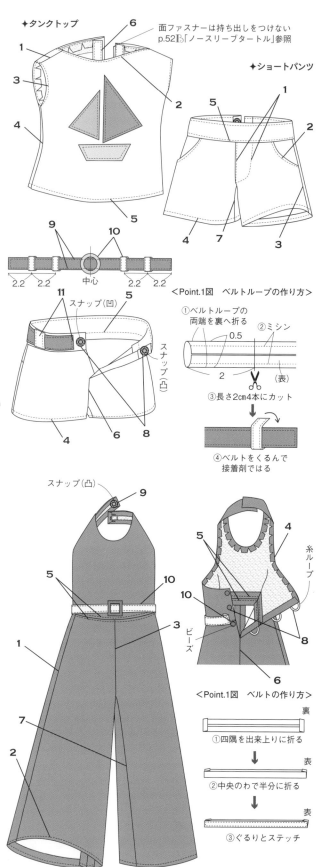

B2 (p.21) ✦ 型紙は付録A面

材料

✦ チェックのウールジャケット
薄手ウール……… 15×38cm
裏布用コットン…… 24×16cm
つつみボタン用芯(厚紙)
　……………… 直径8mm 4個
スナップ…………… 2組み

✦ ノースリーブタートル
綿スムースニット … 18×14cm
面ファスナー…… 0.6×6.5cm

✦ チェックのウールパンツ
薄手ウール……… 17×38cm
スナップ…………… 1組み

作り方
*縫い代は指定以外すべて割る

✦ チェックのウールジャケット
1. 表布の前後身頃の肩を縫い合わせる。
2. 衿の表布、裏布を中表に縫い合わせて表に返しステッチで押さえる。
3. 衿を表身頃に仮縫いしてから縫いつける。
4. 袖口を縫う。
5. 袖山にギャザーを寄せて身頃に縫いつける(p.47参照)。
6. 裏布の前後身頃の肩を縫い合わせる。
7. 袖ぐりを縫う。
8. 衿を挟んで表布と裏布を中表に合わせ、前あき〜衿ぐり〜前あきと縫い合わせる。しつけをしたほうが縫いやすい(Point.1図を参照)。
9. 表布の袖下〜脇、裏布の脇を縫い合わせる。
10. 後ろ身頃に返し口を残し、裾を縫い合わせる。
11. 表に返してアイロンで整え、後ろ身頃の衿ぐりを残してぐるりとステッチで押さえる。
12. 前あきにスナップと飾りボタンをつける(p.72 Wジャケット、Point.1図を参照)。

✦ ノースリーブタートル
p.52 B ノースリーブタートルと作り方、型紙、裁合せ図共通。

✦ チェックのウールパンツ
p.52 B パンツと型紙、作り方共通。4のベルトと8のリボンはつけない。

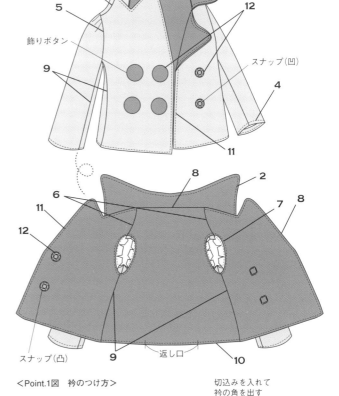

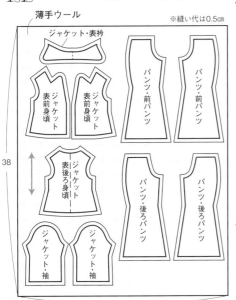

C2 (p.21) ◆型紙は付録B面

材料

◆ 大きなポケットのコート
- フラノ ………… 23×33cm
- 裏布用コットン …… 29×20cm
- ビーズ ……… 直径3mm 7個
- ホック(オス)………… 3個

◆ バブーシュカ
- プリントコットン …… 28×24cm
- スナップ ………… 1組み

作り方 ＊縫い代はすべて割る

◆ 大きなポケットのコート
1～11までp.77 B2ジャケットと作り方共通。
12 ポケットを作る(p.53 Cワンピース、Point.1図を参照)。
13 フラップを作って接着剤ではる。ポケット本体も接着剤で身頃にはる(Point.1図を参照)。
14 前あきにホックと糸ループをつける。
15 飾りボタンをつける。

◆ バブーシュカ
1 本体と結び目パーツをそれぞれ出来上がりに折りステッチする。
2 本体にスナップをつける。
3 結び目パーツをひと結びし、本体に縫いつける。

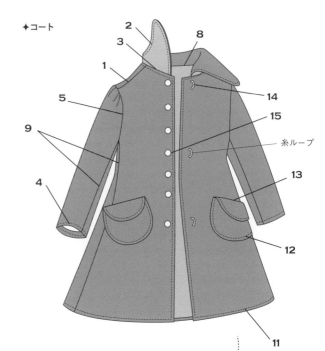

◆コート

◆バブーシュカ

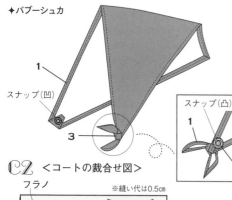

C2 ＜コートの裁合せ図＞

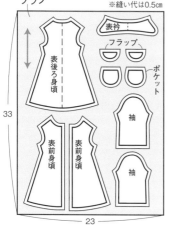

＜バブーシュカの裁合せ図＞

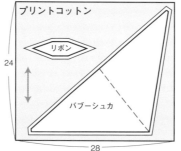

＜Point.1図 フラップの作り方＞

D2 (p.22) ✦ 型紙は付録B面

材料

✦ スイムウェア
2WAYトリコット
… 30×12cm、裾用 12×4cm
ビーズ ……… 直径3mm 3個
スナップ …………… 1組み
面ファスナー …… 1×2.5cm

✦ スイムキャップ
2WAYトリコット … 26×35cm
ビーズ ……… 直径4mm 32個
スナップ …………… 1組み

作り方
＊縫い代は指定以外すべて割る

✦ スイムウェア
1 前後パンツの脇を縫い合わせる。
2 裾に裾布を縫いつけ縫い代を割り、両方をステッチで押さえる。
3 裾を出来上りに折り、ステッチする。
4 前中心を縫い合わせる。
5 身頃と見返しを中表に縫い合わせ、表に返してステッチで押さえる。
6 前中心にギャザーを寄せる（P.95参照）。
7 パンツと身頃を縫い合わせて、縫い代を割り、両方をステッチで押さえる。
8 身頃の後ろあきを出来上りに折り、面ファスナーをつけて縫う。
9 パンツの後ろ中心をあき止まりまで縫い合わせる。
10 股下を左右続けて縫い合わせる。
11 肩ひもを四つ折りにしステッチする。
12 片方を縫いつけ、もう片方にスナップをつける。
13 胸にビーズをつける。

✦ スイムキャップ
1 左右のダーツを中表に縫い合わせ、縫い代を前に倒す。
2 縁を出来上りに折りぐるりとステッチで押さえる。このとき耳下のカーブは縫い代をぐし縫いし、厚紙を当てて糸を引き、形を整えておく（Point.1図を参照）。
3 あごひもを四つ折りにしステッチで押さえる。
4 片方を縫いつけ、もう片方にスナップをつける。
5 花を32個作りバランスを見てキャップに縫いつける（Point.2図を参照）。

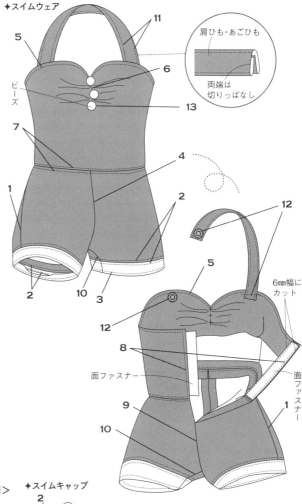

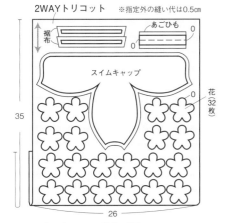

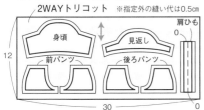

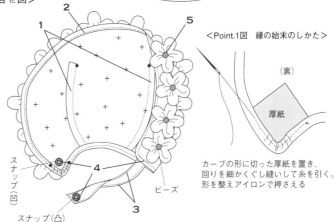

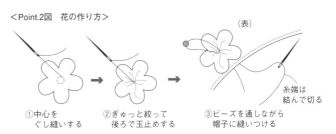

Girly (G2・J2)

ガーリー P.24、25

材料

◆ ヘア
- 毛糸（イエローベージュ＝33）……………… 1玉
- 刺繍糸（イエローベージュ＝3045）……… 適量

◆ ボディ
- フェルト（薄オレンジ＝301）……………… 3枚
- フェルト（薄オレンジ＝948）……………… 1束
- わた ……………………………………… 60g
- 竹ぐし …………………………………… 2本
- 力ボタン ……………………………… 8mm 2個

◆ 顔
- フェルト瞳（茶＝227）、白目（水色＝552）、まぶた（ピンク＝105）、リップ（ピンク＝105）
 ……………………………………………… 各適量
- 刺繍糸（茶＝898）……………………… 適量

ヘアの作り方

・ボディの作り方はp.38、顔の作り方はp.45をそれぞれ参照

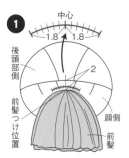

❶ 8×6cmの段ボールに毛糸を35回巻いて作った前髪用糸束を縫いつけ（p.56❶参照）、図のように後ろ髪つけ位置に印をつける。

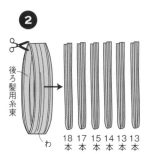

❷ 18×10cmの段ボールに毛糸を90回巻き、片側の輪をカットした後ろ髪用糸束を2つ作り、それぞれを6つの束に分ける。

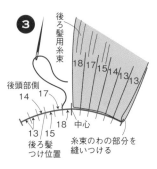

❸ つけ位置に右端の13本の束から中心に向かって順に後ろ髪用糸束を本返し縫いで縫いつける。中心から左側は左右対称で同様にする。

❹ 後ろ髪を下ろしてコームで整えた後、ショートボブをイメージしながらあご横のラインにニードル針を刺して固定する。

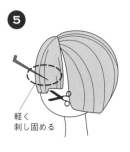

❺ 後ろ髪をあご横のラインでカットし、ニードル針で自然なカーブに整える。続けて前髪を軽く刺し固め、先端をカット。

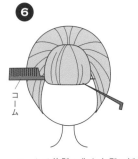

❻ コームで前髪の先を内側に折り込み、ニードル針で刺し固めて丸く整える。

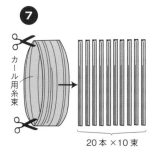

❼ カール用の糸束を作る。13×10cmの段ボールに毛糸を100回巻き、両側の輪をカットして10束に分ける。

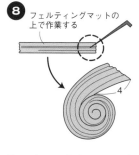

❽ ❼の1束をとり先端をニードル針で刺し固める。刺し固めた端を中心にし、反対側の端が4cmほど残るように丸める。

❾ 残した端をねじりながら裏へ巻き、刺し固める。余分をカットし、中心に向かってニードル針を軽く刺して直径2cmほどに整える。

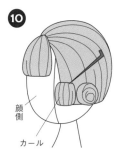

❿ 残りのカール用糸束も❽～❾と同様に整える。カールを後ろ髪の先に当て、後ろ髪と接する面にニードル針を刺して固定する。

⓫ 縦横をランダムにしてカール10個を後ろ髪の先にニードル針で刺して固定する。

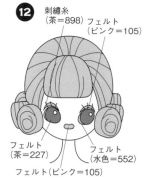

⓬ p.45を参照して顔を作る。

G2 (p.24) ✦ 型紙は付録B面

[材料]

✦ 小さなお花のワンピース
コットンプリント …… 41×14cm
見返し用ナイロンシャー
…………… 8×6cm
ビーズ ……… 直径3mm 3個

✦ ヘアリボン
コットンプリント …… 26×4cm
コーム ……… 3.5×2cm 1個

[作り方] ＊縫い代は指定以外すべて割る

✦ 小さなお花のワンピース
1 前後身頃の肩を縫い合わせる。
2 見返しをつけて衿ぐりを縫う(p.46参照)。
3 袖ぐりを縫う。
4 脇を縫い合わせる。
5 スカートの裾を縫う。
6 ウエストにギャザーを寄せ身頃に縫いつける(P.95参照)。縫い代を身頃側に倒し、ステッチで押さえる。
7 スカートの後ろあきを折りステッチで押さえる(P.95参照)。
8 後ろ中心をあき止りまで縫い合わせる。
9 後ろあきにビーズと糸ループを縫いつける(p.95参照)。

✦ ヘアリボン
Point.1図を参照。

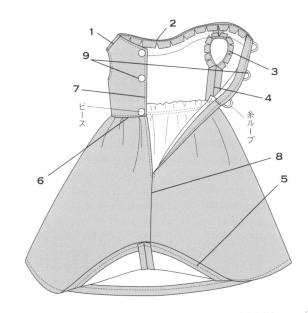

I2 (p.25) ✦ 裁合せ図はp.82、型紙は付録B面

[材料]

✦ フリフリドレス
コットン ………… 20×10cm
フリル ………… 2.3cm幅100cm
リボン ………… 3mm幅250cm
ビーズ …… 直径2.5mm 24個
面ファスナー …… 1×5.5cm

[作り方]

✦ フリフリドレス
1 身頃を出来上りに折り、後ろあきに面ファスナーをつけてぐるりとステッチで押さえる。
2 市販のフリルをフリルつけ位置に上端がくるように置き、下から縫いつけていく。いちばん上は上部を折って縫う(Point.1図を参照)。
3 ビーズを12個糸に通し両端を縫いつける。
4 リボンを30個くらい作ってバランスよく接着剤ではる。

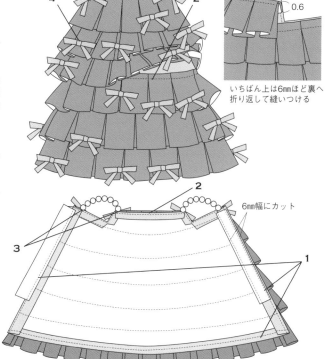

81

H2 (p.25) ◆型紙は付録B面

材料

◆ パフスリーブワンピース
オーガンディのような生地
.... 32 × 24cm

裏布用薄手サテン
.... 32 × 15cm
ビーズ 直径3mm 3個

作り方
＊縫い代は指定以外すべて割る

◆ パフスリーブワンピース

1. 表布、裏布の前後身頃の肩をそれぞれ縫い合わせる。
2. 身頃の表布、裏布を中表に合わせ後ろあきから衿ぐりまでぐるりと縫い、表に返しステッチで押さえる(Point.1図を参照)。
3. 袖口にギャザーを寄せてカフスをつけステッチで押さえる。
4. 袖山にギャザーを寄せ身頃に縫いつける(p.47参照)。袖ぐりは表・裏2枚一緒に。
5. 袖下～脇を縫い合わせる。
6. スカートの表布と裏布、それぞれの裾を縫う。
7. 表布のウエストにギャザーを寄せ身頃に縫いつけた後(p.95参照)、同じように裏布も縫いつける。縫い代を身頃側に倒し、ステッチで押さえる。
8. スカートの後ろあきを表裏一緒に折りステッチする(p.95参照)。
9. 後ろ中心をあき止まで縫い合わせる。
10. 後ろあきにビーズと糸ループを縫いつける(p.95参照)。

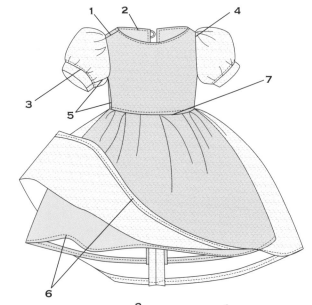

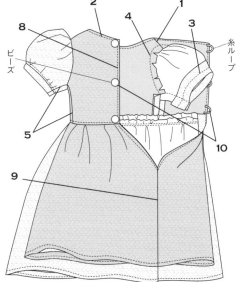

<Point.1図　表布と裏布の合せ方>

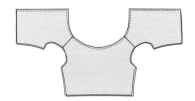

袖やスカートを縫いつけるとき、
脇を縫い合わせるときは表裏2枚一緒に

H2 <裁合せ図> ※縫い代は0.5cm

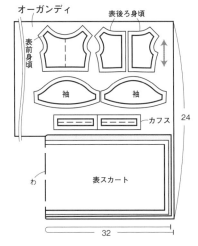

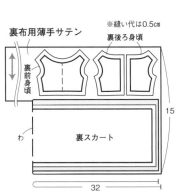

p.81 I2 <裁合せ図> ※縫い代は0.5cm

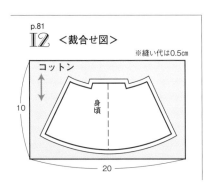

J2 (p.25) ✦ 型紙は付録A面

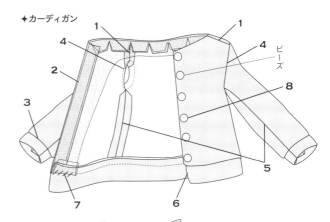

✦カーディガン

材料

✦ いちごみるくカーディガン
薄手ニット ……… 35×15cm
見返し用ナイロンシャー
……………… 20×8cm
パールビーズ … 直径3mm 6個
✦ 丸い衿のシャツ
化繊布 ………… 18×19cm
見返し用ナイロンシャー
……………… 8×6cm

面ファスナー ……… 1×5cm
✦ フリルつきストライプスカート
プリントコットン …… 31×13cm
見返し用ナイロンシャー
……………… 13×4cm
スナップ ………… 1組み

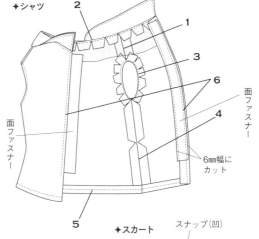

✦シャツ

作り方 ＊縫い代は指定以外すべて割る

✦ いちごみるくカーディガン
p.65○カーディガンと型紙、作り方、裁合せ図共通。
✦ 丸い衿のシャツ
p.61Lシャツと作り方共通。
✦ フリルつきストライプスカート
1 前後スカートの脇を縫い合わせる。
2 フリルの裾を縫う。
3 フリル上部にギャザーを寄せスカートに縫いつける（p.95参照）。縫い代をスカート側へ倒し、ステッチで押さえる。
4 ウエスト見返しと中表に縫い合わせ、表に返してステッチで押さえる。
5 後ろ中心をあき止まりまで縫い合わせる。
6 後ろあきにスナップをつける。

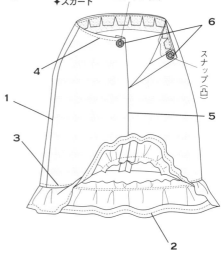

✦スカート

J2 ＜シャツの裁合せ図＞

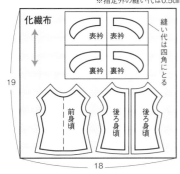

＜スカートの裁合せ図＞

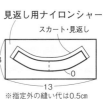

Lovely (K2・N2)

ラブリー p.26〜28

材料

◆ ヘア
- 毛糸（茶オレンジ＝38）……………… 1玉
- 刺繍糸（茶オレンジ＝3826）………… 適量

◆ ボディ
- フェルト（薄オレンジ＝301）………… 3枚
- 刺繍糸（薄オレンジ＝948）…………… 1束
- わた ……………………………………… 60g
- 竹ぐし …………………………………… 2本
- 力ボタン ……………………… 直径8mm 2個

◆ 顔
- フェルト瞳（紺＝559）、白目（水色＝552）、まぶた（茶＝225）、リップ（ホットピンク＝125）……………………………………… 各適量
- 刺繍糸（紺＝823）……………………… 適量

ヘアの作り方

・ボディの作り方はp.38、顔の作り方はp.45をそれぞれ参照

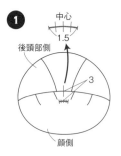

❶ 図のように頭部はぎ目の中心から3cm顔側に、左右に2等分した前髪つけ位置を図のように印をつける。

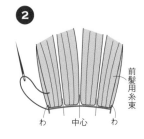

❷ 16×6cmの段ボールに毛糸を36回巻いた前髪用糸束の片側の輪を切り、9本ずつ4束に分けてつけ位置に縫いつける（p.69 ❷、❸参照）。

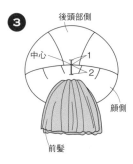

❸ 図のように後ろ髪のつけ位置に印をつける。

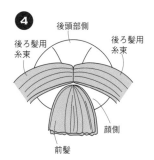

❹ 16×10cmの段ボールに毛糸を90回巻き、片側の輪をカットした後ろ髪用糸束を2つ用意。つけ位置の左右にそれぞれ縫いつける。

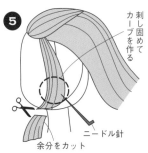

❺ 後ろ髪サイドの25本を下ろして他をよける。ニードル針で刺し固めながら顔のラインにそってカーブを作り、余分をカット。

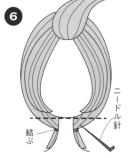

❻ 後ろ髪を首の後ろで結ぶ。あご下のラインをニードル針で刺し固め、余分をカット。続けてニードル針で自然な丸みに整える（p.63 ❼、❽も参照）。

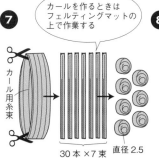

❼ カール用の糸束を作る。15×10cmの段ボールに毛糸を105回巻き、両側の輪をカットして7束に分け、丸める（p.80 ❽、❾を参照）。

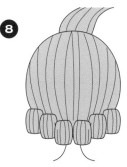

❽ カールを縦方向にサイドから後ろ髪の先に当て、後ろ髪と接する面にニードル針を刺して固定し、計カール7個をつける。

❾ 6×6cmの段ボールに毛糸を35回巻き、片側の輪をカットしたつけ髪を用意し、図のように前髪に刺繍糸2本どりで結ぶ。

❿ さらに❾の結び目を別の刺繍糸2本どりで頭部にとめつける。

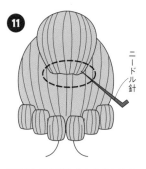

⓫ 前髪でつけ髪をふんわりとおおい、ニードル針で刺し固めて余分をカットしながら形を整える。

⓬ p.45を参照して顔を作る。

K2 (p.26) ◆型紙は付録B面

材料

◆ブラックワンピース
ポリエステルサージ
················ 25×20cm
衿見返し用ナイロンシャー
················ 8×6cm
裾見返し用ナイロンシャー
················ 22×8cm
面ファスナー ······ 1×4cm

◆フラワーベルト
エナメル（好みの4色）… 適量
ホットフィット ········ 4mm 9個
チェーン ············ 1.5cm
丸かん ······ 直径4mm 9個
丸かん ···· 直径2.5mm 17個

◆ホットピンクタイツ
人がはくタイツ ····· 20×14cm

作り方　＊縫い代はすべて割る

◆ブラックワンピース
1 前後身頃の肩を縫い合わせる。
2 見返しをつけて衿ぐりを縫う(p.46参照)。
3 袖口を縫う。
4 袖山にギャザーを寄せ、身頃に縫いつける(p.47参照)。
5 袖下～脇を縫い合わせる。
6 見返しと裾を中表に合わせて丁寧にスカラップを縫う。余分な縫い代をカットし、細かく切込みを入れ表に返しアイロンで整える。(p.51、Aワンピース Point.2図を参照)
7 後ろあきを出来上りに折り、面ファスナーをつけて縫う。
8 後ろ中心をあき止りまで縫い合わせる。
9 花のベルトを作り両端を縫いとめる。

◆フラワーベルト
Point.1図を参照。

◆ホットピンクタイツ
p.55 Fタイツと作り方、型紙、裁合せ図共通。

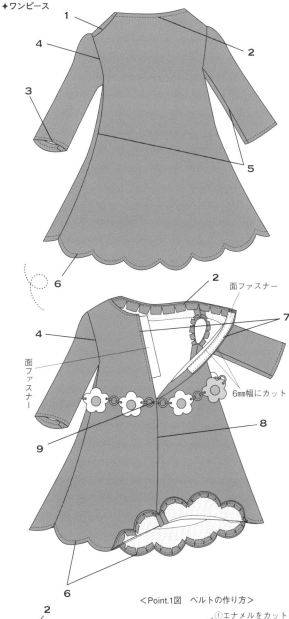

K2 ＜裁合せ図＞

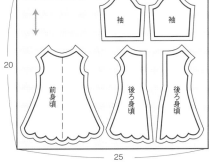

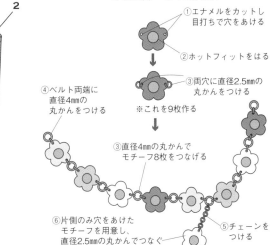

L2 (p.27) ✦ 型紙は付録B面

材料

✦ グリーンドットワンピース
コットンプリント ……… 41×14cm
見返し用ナイロンシャー
……………………… 8×6cm
ビーズ ………… 直径3mm 3個

✦ リボンボタンカーディガン
薄手ニット ……… 35×15cm
見返し用ナイロンシャー
……………………… 20×8cm
サテンリボン …… 2mm幅30cm

作り方 ＊縫い代は指定以外すべて割る

✦ グリーンドットワンピース
p.81 G2ワンピースと型紙、作り方、裁合せ図共通。

✦ リボンボタンカーディガン
p.65 Oカーディガンと型紙、作り方、裁合せ図共通。8のとき飾りボタンの代わりにリボンを作って接着剤ではる。

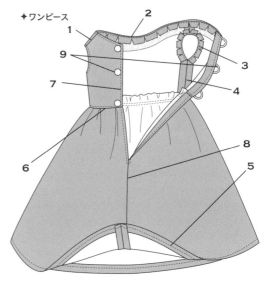

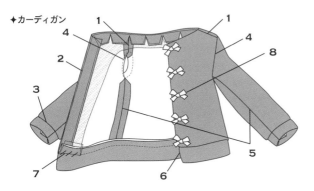

M2 (p.28) ✦ 型紙は付録B面

材料

✦ ファイブフラワーワンピース
別珍 ………… 27×15cm
見返し用ナイロンシャー
……………………… 8×6cm
造花 ………………… 5個
面ファスナー …… 1×4.5cm
レース ……… 1cm幅40cm

作り方 ＊縫い代はすべて割る

✦ ファイブフラワーワンピース
1～6までp.73 Y・Zトップスと作り方共通。
7 後ろ中心をあき止まりまで縫い合わせる。
8 袖ぐりと裾にレースを並縫いでつける。
9 花を接着剤ではる。

M2 <裁合せ図>

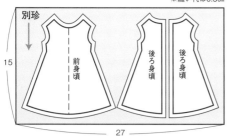

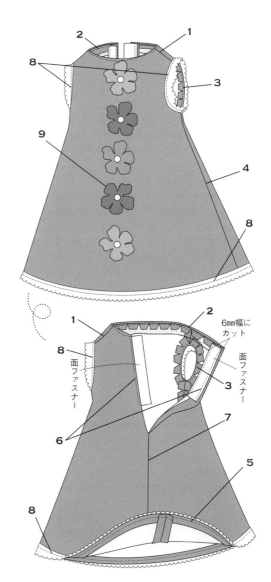

N2 (p.28) ✦ 型紙は付録B面

材料

✦ 赤いボタンのきちんと
ワンピース

別珍 ……………… 27×20cm
衿・フリル用コットン
 ……………… 23×8cm
ヨーク用コットン …… 4×6cm
見返し用ナイロンシャー
 ……………… 8×6cm

ビーズ ……………… 3mm 6個
面ファスナー ……… 1×4.5cm

✦ お花畑のヘッドドレス

別珍 ……………… 12×5cm
裏布用コットン …… 12×5cm
コーム ……………… 3.5×2cm 2個
造花 ……………………… 適量

作り方 ＊縫い代はすべて割る

✦ 赤いボタンのきちんと
ワンピース
1. 前後身頃の肩を縫い合わせる。
2. 衿を作り、つける。(p.47参照)
3. 袖ぐりを縫う。
4. フリル外側と両端を折ってステッチし、内側にギャザーを寄せる(Point.1図を参照)。
5. ヨークを出来上がりに折りフリルを仮縫いし、身頃に縫いつける(Point.2図を参照)。
6. 脇を縫い合わせる。
7. 裾を縫う。
8. 後ろあきを出来上がりに折り、面ファスナーをつけて縫う。
9. 後ろ中心をあき止まりまで縫い合わせる。
10. 飾りボタンをつける。

✦ お花畑のヘッドドレス
1. 返し口を残し、表布と裏布を中表に縫い合わせる。
2. 表に返し、返し口をコの字とじする。
3. コームを縫いつける。
4. 花を接着剤ではる。

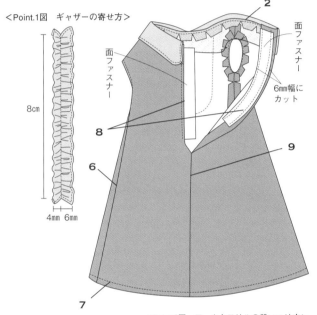

✦ ワンピース

<Point.1図 ギャザーの寄せ方>

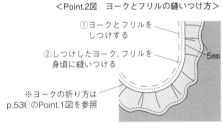

<Point.2図 ヨークとフリルの縫いつけ方>
① ヨークとフリルをしつけする
② しつけしたヨーク、フリルを身頃に縫いつける
※ヨークの折り方はp.53のPoint.1図を参照

N2 <ワンピース、ヘッドドレス表布の裁合せ図>

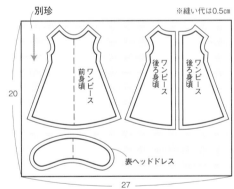

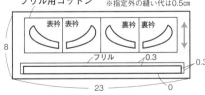

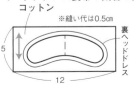

✦ ヘッドドレス

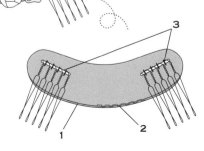

02 (p.29) ✦ 型紙は付録B面

材料

✦ レトロフォルムのワンピース
綿ローン ……… 35×29cm
衿・前立て・カフス用
綿ローン ……… 18×10cm
見返し用ナイロンシャー
……………… 8×6cm
バックル ………… 1個
ビーズ …… 直径3mm 5個
面ファスナー …… 1×5cm

作り方 ＊縫い代は指定以外すべて割る

✦ レトロフォルムのワンピース
1 前後身頃の肩を縫い合わせる。
2 衿を作り、つける（p.47参照）。
3 袖口にギャザーを寄せてカフスをつけステッチで押さえる。
4 袖山にギャザーを寄せ、身頃に縫いつける（p.47参照）。しつけをしたほうがやりやすい。
5 袖下～脇を縫い合わせる。
6 スカートの裾を縫う。
7 プリーツをたたんでアイロンで整える。
8 スカートと身頃を縫い合わせ、縫い代を身頃側に倒し、ステッチで押さえる。
9 後ろあきを出来上りに折り、面ファスナーをつけて縫う。
10 後ろ中心をあき止まりまで縫い合わせる。
11 前立てを出来上りに折りステッチで押さえ、接着剤ではる。ビーズを縫いつける。
12 ベルトを作り、後ろあき付近に接着剤ではる（p.76 B2 ジャンプスーツ、Point.1図を参照）。

02 ＜裁合せ図＞

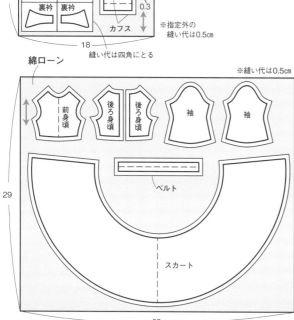

Romantic (P2▶Q2)

ロマンチック p.30、31

材料

◆ ヘア
- 毛糸*(スモークピンク=12) …………… 1玉
- 刺繍糸(スモークピンク=3722) ……… 適量

*ハマナカアルパカモヘアフィーヌ

◆ ボディ
- フェルト(薄オレンジ=301) ………… 3枚
- 刺繍糸(薄オレンジ=948) …………… 1束
- わた …………………………………… 60g
- 竹ぐし ………………………………… 2本
- 力ボタン ……………………… 直径8mm 2個

◆ 顔
- フェルト瞳(茶=225)、白目(水色=552)、
- まぶた(ココアベージュ=221)、
- リップ(ピンク=123) ………………… 各適量
- 刺繍糸(茶=300) ……………………… 適量

・モヘアはスチームを当てない。ボディの作り方はp.38、顔の作り方はp.45をそれぞれ参照

ヘアの作り方

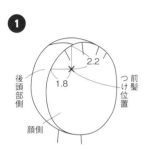

❶ 図のように前髪つけ位置の印をつける。

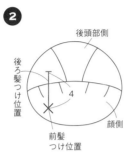

❷ 続けて、図のように前髪つけ位置から後頭部側に向かって4cmの線を引く。

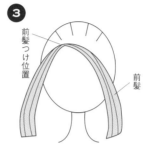

❸ 前髪用糸束を作る。20×6cmの段ボールに毛糸を35回巻き、片側の輪を刺繍糸で結ぶ。反対側をカットしてつけ位置に縫いつける(p.50❶参照)。

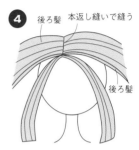

❹ 30×10cmの段ボールに毛糸を130回巻き、片側の輪をカットした後ろ髪用糸束を1つ用意。図のように広げ、中央を本返し縫いで❷のつけ位置に縫いつける。

❺ 前髪は左右を等分にした状態で、それぞれを三つ編みし、端を刺繍糸で結ぶ。

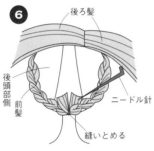

❻ 三つ編みした前髪を後頭部側に回して束ね、首上で縫いとめる。毛先を短く切りそろえて、頭部にニードル針で刺し固める。

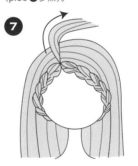

❼ ❹で縫いつけた縫い目を隠すようにして、左側から右側に糸束を少量移す。

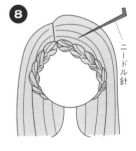

❽ 髪の毛全体を整える。ところどころにニードル針を頭部まで刺して髪の毛を固定する。最後に長さをそろえてカットする。

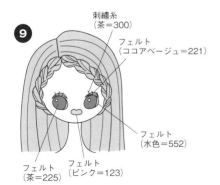

❾ p.45を参照して顔を作る。

P2 (p.30) ✦ ガウンの裁合せ図はp.91、型紙は付録B面

材料

✦ マーガレットドレス
コットンシフォン …… 30×40cm
造花 ……………………… 適量
テグス …………………… 適量
ビーズ ……… 直径3mm 2個

✦ ガウン
ドットチュール …… 30×27cm
レース ………… 6mm幅90cm

作り方 ※縫い代は指定以外すべて割る

✦ マーガレットドレス
1 2枚の身頃を中表に縫い合わせ、表に返してステッチで押さえる。
2 2枚のスカートそれぞれの裾を縫う。
3 1枚のウエストにギャザーを寄せ身頃に縫いつけた後(p.95参照)、同じように2枚めも縫いつけ、縫い代を身頃側に倒し、ステッチで押さえる。
4 スカートの後ろあきを2枚一緒に折りステッチで押さえる(p.95参照)。
5 後ろ中心をあき止まで縫い合わせる。
6 後ろあきにビーズと糸ループを縫いつける(p.95参照)。
7 肩ストラップはテグスを縫いつける。
8 花を接着剤ではる。

✦ ガウン
1 袖口にレースを縫いつける。
2 前後身頃と袖を縫い合わせる。
3 袖下〜脇を縫い合わせる。
4 裾〜前あき〜衿ぐり〜前あき〜裾とぐるり1周にレースを接着剤ではる。

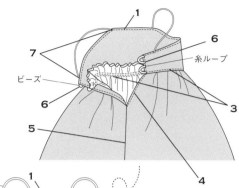

✦ ドレス

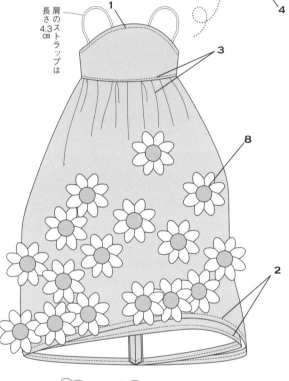

P2 <ドレスの裁合せ図>

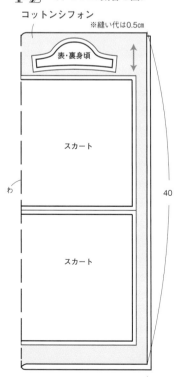

✦ ガウン

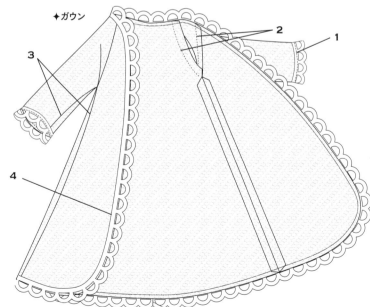

O2 (p.31) ◆ 型紙は付録B面

材料

◆ 草原ドレス
リバティプリント ‥‥ 40×28cm
面ファスナー ‥‥‥ 1×4.5cm

トリコットハーフのような
薄い生地 ‥‥‥‥ 36×2.5cm

作り方 ※縫い代は指定以外すべて割る

◆ 草原ドレス
1. 衿、袖口、裾につけるフリルの片側（縫い代3mmのほう）を折ってステッチで押さえ、もう一方は型紙にある指定の長さにギャザーを寄せておく(p.95参照)。
2. 前後身頃の肩を縫い合わせる。
3. 衿にフリルを縫いつけ、縫い代を身頃側に倒し、ステッチで押さえる。
4. 袖口にギャザーを寄せてフリルと縫い合わせ、縫い代を袖側に倒す。
5. 袖山にギャザーを寄せ身頃に縫いつける。しつけをしたほうがやりやすい(p.47参照)。このドレスのみ縫い代を身頃側に倒し、ステッチで押さえる。
6. 袖下～脇を縫い合わせる。
7. スカートの裾にフリルを縫いつけ、縫い代をスカート側に倒し、ステッチで押さえる。
8. ウエストにギャザーを寄せ、(p.95参照)身頃に縫いつけ、縫い代を身頃側に倒し、ステッチで押さえる。
9. 後ろあきを出来上りに折り、面ファスナーをつけて縫う。
10. 後ろ中心をあき止りまで縫い合わせる。
11. ウエストのリボンは薄い布をカットする。

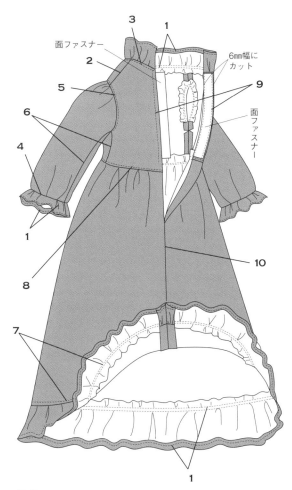

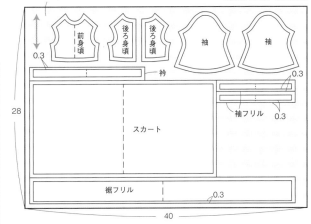

O2 ＜裁合せ図＞
リバティプリント
※指定外の縫い代は0.5cm

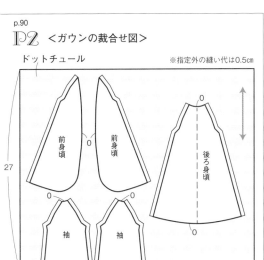

p.90
P2 ＜ガウンの裁合せ図＞
ドットチュール
※指定外の縫い代は0.5cm

Hairpieces (R2・S2)

ヘアピース p.32、33

材料

◆ ヘア
- 毛糸(マスタード＝43) ……………… 1玉
- 刺繍糸(マスタード＝729) …………… 適量
- コーム …………………… 3.5×2cm 3個
- ヘアピン ……………………… 4cm×2個
- フェルト(マスタード＝334) ……… 6×3cm

◆ ボディ
- フェルト(薄オレンジ＝301) …………… 3枚
- 刺繍糸(うすオレンジ＝948) …………… 1束
- わた ……………………………………… 60g
- 竹ぐし …………………………………… 2本
- 力ボタン ……………………… 直径8mm 2個

◆ 顔
- フェルト瞳(濃い青＝538)、白目(水色＝552)、
- まぶた(エメラルドブルー＝554)、
- リップ(ピンク＝126) ………………… 各適量
- 刺繍糸(紺＝823) ……………………… 適量

ベース

 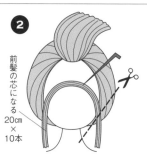 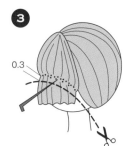 

❶ ❶～❸までp.80と同じ手順で進める。その後はp63の❼、❽の手順で丸いボブヘアを作る。

❷ 20cmに切った毛糸を10本束にし、顔にニードル針で軽く刺しとめ、余分はカットする。前髪の丸いラインをイメージして。

❸ 芯の上に前髪を丁寧に広げ、芯をくるむようにして下の際を刺しとめていく。止まったら刺し位置から3mm残してカットする。

❹ 毛先を内側に折り込むようにニードル針で丁寧に刺し整え、ベースのショートボブヘアが完成。

三つ編み

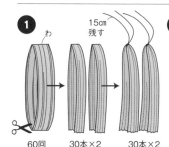  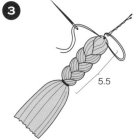 

❶ 13×6cmの段ボールに毛糸を60回巻きスチームを当てて外す。片側を切り30本×2束に分ける。わを刺繍糸で結び、糸隅は15cmほど残す。

❷ 20本×3束に分けて三つ編みをする。わを結んだ刺繍糸を机にテープで固定すると編みやすい。

❸ 三つ編みが5.5cmになったら刺繍糸で結ぶ。残しておいた糸でヘアピンを縫いとめる。

❹ ドールにつけ、毛先が自然に細くなるようカットする。水のりをたっぷりつけて手で形を整え固める。反対側の三つ編みも同様に作る。

まるおだんご

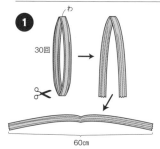 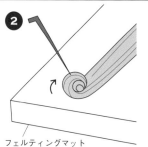  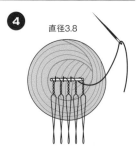

❶ 30×10cmの段ボールに毛糸を30回巻きスチームを当てて外す。片側を切って開く。

❷ フェルティングマットの上に毛束を乗せ、端から少し巻いてニードル針で固める。

❸ 少しずつ巻いて丸いおだんごの形にする。ときどきニードル針で固定しながら進める。

❹ 巻き終わったらニードル針で全体を整え、刺繍糸でコームを縫いつける。

サイドカール

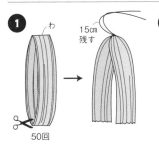
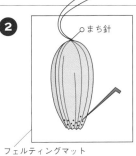
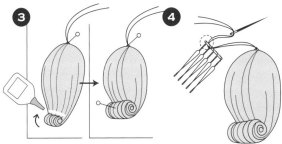

① 12×6cmの段ボールに毛糸を50回巻きスチームを当てて外す。片側を切り反対側のわを刺繍糸で結ぶ。

② フェルティングマットの上に毛束を乗せ結び目をまち針で固定する。ニードル針で毛先を少し固める。

③ 木工用接着剤をつけながら少しずつ巻いていく。きれいなカールができたらまち針で固定して乾かす。

④ 残しておいた糸でコームの端を縫いとめる。

ヘアバンド

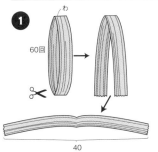
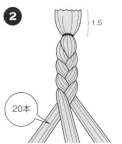
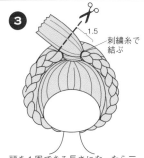

① 20×6cmの段ボールに毛糸を60回巻きスチームを当てて外す。片側を切って開く。

② 端から1.5cmの所を刺繍糸で結び、20本×3束に分けて三つ編みをしていく。

③ 頭を1周できる長さになったら三つ編みをやめて刺繍糸で結び、糸端を1.5cm残して切る。

④ フェルティングマットの上で両端の1.5cmを重ね、ニードル針でしっかり固めて三つ編みを輪にする。

カールおだんご

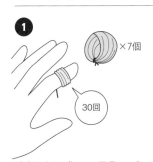

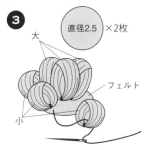
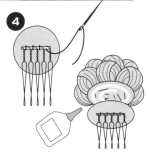

① 毛糸を人さし指に30回巻いて糸を切り、外して片側を刺繍糸で結ぶ。これを7個作る。

② 同じく人さし指と中指に毛糸を30回巻いて糸を切り、外して片側を刺繍糸で結ぶ。これを3個作る。

③ 髪と同じ色のフェルトを直径2.5cmの円に2枚切り抜く。1枚にカールを縫いつける。中央に大きいほう3個、回りに小さいほう7個をランダムにつける。

④ もう1枚のフェルトにはコームを縫いつける。カールをつけたフェルトと木工用接着剤でしっかりはり合わせる。

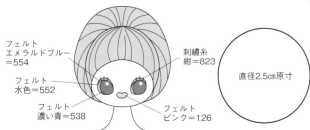

フェルト エメラルドブルー=554
フェルト 水色=552
フェルト 濃い青=538
刺繍糸 紺=823
フェルト ピンク=126
直径2.5cm原寸

p.45を参照して顔を作る。

R2 (p.32) ◆型紙は付録B面

材料
- ◆ドットワンピース
- プリントコットン …… 28×14cm
- 見返し用ナイロンシャー
  ……………………… 8×6cm
- 面ファスナー …… 0.6×7cm

作り方 *縫い代はすべて割る
- ◆ドットワンピース
- p.73 Y・Zトップスと作り方共通。

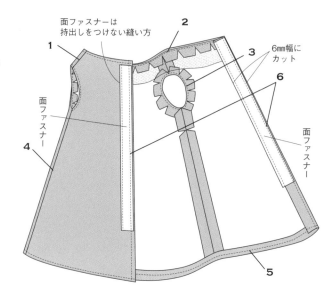

R2 〈裁合せ図〉

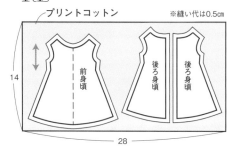

S2 (p.33) ◆ノースリーブ、タイツの型紙は付録A面、スカートは付録B面

材料
- ◆シンプルノースリーブタートル
- 綿スムースニット … 18×14cm
- 面ファスナー … 0.6×6.5cm
- ◆おしゃれウールスカート
- ウール ………… 24×8cm
- 見返し用ナイロンシャー
  ……………………… 13×5cm
- スナップ ………… 1組み

- ◆おしゃれウール帽子
- ウール ………… 40×10cm
- 裏布用コットン … 40×10cm
- 梵天 ……… 直径3cm 1個
- ◆ビビッドグリーンタイツ
- 人用タイツ ……… 20×14cm

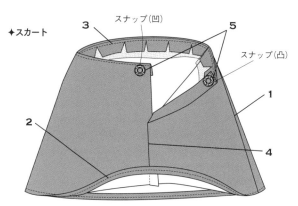

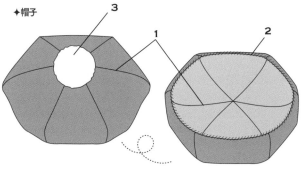

作り方 *縫い代はすべて割る
- ◆シンプルノースリーブタートル
- p.52 Bノースリーブタートルと型紙、作り方、裁合せ図共通。
- ◆おしゃれウールスカート
- p.72 Wスカートと作り方共通。後ろ中心の縫い代は左側に倒す。
- ◆おしゃれウール帽子
1. 表布、裏布とも6枚のクラウンをはぎ合わせる。
2. 表裏クラウンのかぶり口を出来上がりに折り、外表に合わせ、裏布を表布にまつる。
3. 梵天をトップに接着剤ではる。
- ◆ビビッドグリーンタイツ
- p.55 Fタイツと型紙、作り方、裁合せ図共通。

S2 〈スカートと帽子の裁合せ図〉

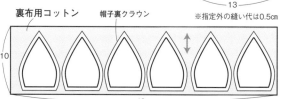

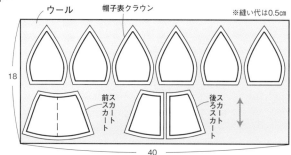

🌸 服作りで使うテクニック

✦ ギャザーの寄せ方

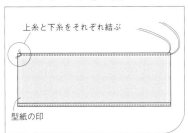

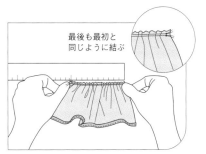

1 返し縫いせずに縫い代に2本ステッチを入れ（袖山や袖口のギャザーは1本でOK）、片側の糸端をそれぞれ結んでおく。

2 上糸を2本同時に引いてギャザーを寄せていく。

3 指定の長さまで縮めたら、ギャザーがゆるまないよう糸端を結ぶ。均等にギャザーが寄るように指で調節し、縫い代をアイロンで押さえる。

✦ 糸ループをつけるときの後ろあきの縫い方

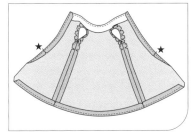

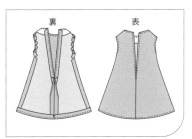

1 あき止り（★）に浅く切込みを入れ、後ろあきを図のように折り、ステッチで押さえる。

2 後ろ中心をあき止りまで縫い合わせる。縫い代は割ってアイロンで押さえる。

3 縫い終えたところ。表に返すと後ろあきがきれいに縫えている。ここに糸ループをつける。

✦ 糸ループのつけ方

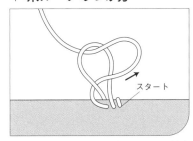
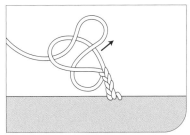
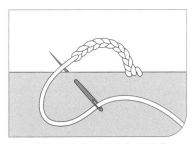

1 縫い始めは後ろから針を入れひと針巻きかがりしてからループを編み始める。針はいったん抜いておく。

2 ビーズやホックが通る長さまで、手で鎖編みをする。

3 鎖編みの最後の目から糸を引き抜いて針に通し、布に2、3回巻きかがりをして後ろでしっかり玉止めする。

✦ *Original fabric*

あけつん！オリジナルデザインのファブリックを印刷してみよう！
インクジェットプリンター専用のファブリックに印刷できるよ。
p.5のファブリックデータ（PDF）は下記からダウンロードしてね。

→ http://books.bunka.ac.jp/np/isbn/9784579116447
（文化出版局HP内『レトロですてきなおんなのこ』のリンクをクリック）

＊あけつん！は「A-oneの布プリ」を使用しています。
＊このダウンロードは予告なく終了することがあります。ご了承ください。
p.29のファブリックデータは、http://aketsun.com でチェック！

✦ ドール資材を購入できるネットショップ

小さいドール資材が手に入るショップを紹介！

Pb'-factory
http://www.pb-factory.jp
ドール服用の小さなボタン、オリジナル商品など

IVORY
http://ivorymaterialssyop.la.coocan.jp
レトロな色の小さなボタン、手芸材料など

あけつん！（日野あけみ）

イラストレーター、人形作家。栃木県生れ。2000年よりフリーのイラストレーターとして活動を開始し、2006年からドールやアクセサリーなどのデザイン、製作を手がける。2009年にロンドンにて個展「Aketsun! Loveable!」、2010年に代官山Junie Moonにて「あけつん！展」などを開催。
https://aketsun.com

道具・材料提供

クロバー（道具）
大阪市東成区中道3-15-5
tel.06-6978-2277
http://www.clover.co.jp

ハマナカ（毛糸）
京都市右京区花園薮ノ下町2-3
tel.075-463-5151
http://www.hamanaka.co.jp

ディー・エム・シーDMC（刺繍糸）
東京都千代田区神田紺屋町13 山東ビル7F
tel.03-5296-7831
http://www.dmc.com

サンフェルト（フェルト）
東京都台東区寿2-1-4
tel. 03-3842-5562
http://www.sunfelt.co.jp

アライ（わた）
京都市北区上賀茂岩ヶ垣内町6-1
e-mail：arai@sofiapack.com
http://www.sofiapack.com

スタッフ

ブックデザイン…加藤美保子
撮影…福井裕子
スタイリング…露木 藍
作り方解説、トレース…爲季法子
英文校閲…久松紀子
校閲…向井雅子
編集…大沢洋子、加藤風花（文化出版局）

フェルトで作る着せかえドール
レトロですてきなおんなのこ

2018年12月2日　第1刷発行

著　者　　あけつん！
発行者　　大沼 淳
発行所　　学校法人文化学園 文化出版局
　　　　　〒151-8524　東京都渋谷区代々木3-22-1
　　　　　電話　03-3299-2488（編集）
　　　　　　　　03-3299-2540（営業）
印刷・製本所　株式会社文化カラー印刷

©Akemi Hino 2018　Printed in Japan
本書の写真、カット及び内容の無断転載を禁じます。

- 本書のコピー、スキャン、デジタル化等の無断複製は
  著作権法上での例外を除き、禁じられています。
  本書を代行業者等の第三者に依頼してスキャンや
  デジタル化することは、たとえ個人や家庭内の利用でも
  著作権法違反になります。
- 本書で紹介した作品の全部または一部を商品化、複製頒布、
  及びコンクールなどの応募作品として出品することは
  禁じられています。
- 撮影状況や印刷により、作品の色は実物と
  多少異なる場合があります。ご了承ください。

文化出版局のホームページ http://books.bunka.ac.jp/